# AUX ANTIPODES

ÉMILE COLIN — IMPRIMERIE DE LAGNY

# LOUIS BOUSSENARD

# AUX ANTIPODES

PARIS

C. MARPON ET E. FLAMMARION, ÉDITEURS

RUE RACINE, 26, PRÈS L'ODÉON

Tous droits réservés

# AUX ANTIPODES

I

SAVANTS ET ANTHROPOPHAGES

Après trente-cinq jours de navigation, nous arrivions le 30 janvier 1880 en vue du cap Otway. Nous n'avions plus qu'à franchir le lendemain la baie de Port-Philipp, débarquer à Sandrigge et sauter dans un compartiment de railway qui nous conduirait en quelques minutes à Melbourne, but de notre voyage.

Il était près de minuit. Nous arpentions la dunette en cherchant à percer de regards avides le rideau de brumes qui tombaient lentement. La Croix-du-Sud étincelait au firmament, et la brise nous apportait les âcres senteurs des varechs et des goémons.

La frégate *the Tweed* était sous vapeur afin

d'appareiller à la première heure. Les ancres, après avoir fait grincer leurs chaînes sur l'armature de fer des écubiers, étaient accrochées dans les coraux qui encombrent la baie. La fièvre de l'arrivée devait nous tenir éveillés, nous avions la perspective d'une nuit blanche.

— Mes amis, nous dit le docteur Stephenson, premier chirurgien du bord, je conçois l'intensité de votre désir, car vous êtes prêts d'entrer dans le pays des merveilles.

« Je ne veux pas escompter le tribut d'admiration que vous lui payerez demain, en essayant de vous le décrire tel qu'il est, maintenant. Mais, si vous voulez permettre à un vétéran de l'Australie de vous raconter ses débuts, il y a vingt ans, sur cette terre étonnante, je me ferai un plaisir de calmer, si je le puis, votre légitime impatience.

Un timonier vint « piquer huit » à la cloche du gaillard d'arrière.

— Le second quart de nuit commence, reprit le docteur. Nous avons quatre heures avant l'appareillage.

« Je vous demande un peu de patience avec beaucoup de bienveillance.

» ..... Deux mots encore comme préliminaires...

» Patrick, mon enfant, dit-il au mousse, allez commander du punch au steward, et apportez des cigares.

» Messieurs, je commence. »

Vous connaissez la malheureuse issue de la tentative faite en 1853 par l'Académie royale de Londres, pour l'établissement d'une Université à Melbourne, mais vous en ignorez certainement les détails, d'ailleurs peu connus.

Le vaisseau qui portait les professeurs délégués fut désemparé par une furieuse tempête et jeté sur un récif de corail, aux environs du cap Bernouilli. C'était pendant une de ces énormes marées d'équinoxe qui font monter l'Océan à d'incroyables hauteurs.

Solidement accroché à l'écueil, le bâtiment tint ferme. La mer, en se retirant, le laissa presque à sec, affreusement mutilé et dans l'impossibilité absolue d'être renfloué. Comme il était échoué à 300 mètres à peine de la côte, il fut facile d'opérer le sauvetage d'une partie de la cargaison, au moyen d'une embarcation restée, par miracle, aux portemanteaux.

J'étais, à cette époque, tout frais émoulu des bancs de l'École. Je faisais partie de l'expédition en qualité de préparateur du cours d'anatomie que devait enseigner mon oncle, sir James Stephenson, doyen et professeur de la future faculté.

Chacun s'occupa, tout d'abord, de mettre en sûreté les nombreuses caisses contenant les instruments de physique, les produits chimiques, tous les appareils, et enfin les pièces anatomiques devant servir aux leçons.

Nos richesses scientifiques furent installées à terre sous une brigantine dont on fit une tente. Ce travail accompli, on se mit à la recherche d'aliments, car nos provisions étaient presque épuisées ou avariées par l'eau de la mer.

Les naturels, pour qui un naufrage est toujours une bonne fortune, commençaient à errer curieusement autour de notre campement. Les merveilles qu'ils contemplaient paraissaient les ravir et exciter en eux d'ardentes convoitises. Voyant notre détresse, ils nous firent comprendre par signes qu'ils étaient prêts, moyennant échange, à nous fournir les aliments qui nous manquaient.

Leur offre fut acceptée séance tenante.

Notre premier repas se composa de poissons, pêchés dans des filets fort ingénieusement tressés en fils de phormium tenax. C'était une triste restauration. Comme nous n'avions aucune de ces verroteries dont se montrent si avides tous les sauvages du globe, force nous fut de subir les conditions usuraires de ces vilains bonshommes huileux et fétides, que la vue de notre détresse rendait horriblement rapaces.

La carte de notre dîner fut payée ce jour-là avec quelques robinets de cuivre, arrachés à nos instruments de physique, deux mètres d'un tube de caoutchouc, des éprouvettes, une lorgnette marine, quelques flacons de Woulff, et la plupart des boutons de nos uniformes.

Tout alla tant bien que mal. Nous étions à peu près rassasiés, mais il était facile de prévoir que dans la suite nos sauvages pourvoyeurs se montreraient plus exigeants.

Nos appréhensions ne furent que trop légitimées par la vue de feux innombrables, qui s'allumèrent dans la nuit sombre. Des cris étranges, répétés de proche en proche, retentirent sans relâche. Ces messieurs, ignorant la télégraphie électrique, correspondaient entre eux comme les barbares en Europe, lors de l'envahissement de l'Occident. Le lendemain, leur nombre avait doublé. Il en arrivait encore. Si bien, que, deux jours après, il y en avait plus de cent cinquante.

Ils portaient des lances, des haches et des couteaux dont la forme et la matière rappelaient l'âge de pierre, et des armes de jet, qu'ils appelaient *dowuk* et *boommerang*, dont nous ne connûmes l'usage que par la suite.

Nous étions en tout trente-deux naufragés, bien pourvus d'armes, il est vrai, mais manquant de l'indispensable.

De plus, les communications avec les naturels étaient fort difficiles et ne pouvaient s'opérer qu'au moyen de signes souvent interprétés à l'envers. Ces insulaires sont d'une stupidité invraisemblable. Nous eussions été affreusement rançonnés par eux, et peut-être nous fût-il arrivé pis encore, quand la Providence nous apparut sous les traits d'un Européen, que nous ne fûmes pas peu étonnés de trouver avec d'aussi étranges compagnons.

Il était nu comme eux, et sa peau était tellement tannée par le soleil, qu'il était impossible d'en reconnaître la couleur primitive, entre les bariolures de son tatouage. La possession d'une gigantesque barbe du plus beau rouge paraissait lui donner une grande importance, eu égard à la stérilité du cuir australien, qui ne peut pas produire un système pileux aussi abondant.

C'était un ancien *convict* évadé depuis huit ans de son lieu d'internement. Une tribu voisine l'avait recueilli. Sa force, son adresse, son courage l'avaient fait élever au rang de sous-chef, comme l'indiquait la plume de faucon, maintenue au-dessus de son oreille gauche, par une fine tresse de jonc, et le bracelet de commandement en dents de serpent qu'il portait au bras droit.

Sa joie fut extrême, et il pouvait à peine la témoigner, car il avait presque oublié la langue maternelle, en apprenant le baroque langage de la tribu qui lui avait conféré le titre de citoyen. Il était Écossais, originaire du comté de Dummbarton, et s'appelait Joë Mac-Knight. Le brave garçon s'offrit de nous faire conduire à Melbourne, dont nous étions séparés par plus de quinze jours de marche.

— Mais, ajouta-t-il en anglais à peine intelligible, je vous en prie, gentlemen, cédez à toutes les exigences des natifs. Car s'ils vous abandonnaient, vous péririez de faim, et si vous leur résistiez, ils vous accableraient par le nombre, sans que vous puissiez trouver le salut dans vos armes et votre courage.

Le conseil était bon, et le soin de notre sécurité nous fit un devoir de le suivre.

Nous eûmes le lendemain une nouvelle distribution de vivres, mais, les menus bibelots étant épuisés, il fallut nous résoudre à un pénible sacrifice. C'était la mutilation de nos appareils, que nous démontâmes afin d'avoir le plus possible de monnaie courante.

Nous fîmes un traité par l'intermédiaire de Joë, qui nous servait d'interprète et de négociateur. La plupart des objets que nous possédions lui étaient d'ailleurs à peu près aussi inconnus qu'à ses sauvages amis.

Le protocole fut conçu en ces termes : Les naturels nous accompagneront jusqu'à Bollarat, d'où nous pourrons être facilement rapatriés à Melbourne. Ils porteront en outre nos bagages et pourvoiront à tous nos besoins, moyennant l'abandon de nos appareils et de notre laboratoire.

La cérémonie du serment, toujours importante pour les Australiens, parce qu'ils ne le transgressent *jamais*, suivit cet arrangement. Cette formalité essentielle manqua totalement de solennité pour nous. J'eus toutes les peines à comprimer une formidable envie de rire qui me tordit convulsivement les flancs, à la vue des deux plénipotentiaires.

Jugez-en plutôt. D'un côté, mon oncle Sir James

Stephenson, ses longs cheveux blancs flottant sur les épaules, rasé de frais, irréprochable malgré notre détresse, assis impassible sur la terre nue, les jambes croisées, les talons sous le corps, et les mains à plat sur les cuisses de son collègue australien, médecin, ou plutôt sorcier et mandataire des tribus réunies.

Celui-ci, accroupi dans la même position d'après le cérémonial habituel, offrait un invraisemblable contraste, avec ses épaules couvertes de peaux d'opossum, ses oreilles et son nez agrémentés d'ornements bizarres. Enfin, ses yeux cerclés de jaune le faisaient ressembler vaguement à un chat-huant considérablement enlaidi.

Les formules sacramentelles récitées de part et d'autre, on scella l'alliance par quelques bouteilles de rhum. Nous procédâmes, séance tenante, à l'exécution de la clause qui nous concernait. Ce n'était pas chose facile que la répartition des objets composant cette pacotille inusitée. Si nous fîmes beaucoup d'heureux, combien y en eut-il dont la naïve avidité fut déçue !

Mais le mercantilisme n'est pas l'apanage exclusif de la civilisation. Sans remonter le cours de l'histoire jusqu'à ce personnage biblique qui échangea son droit d'aînesse pour un plat de légumes, nous voyons tous les peuples pratiquer le négoce en tous temps et en tous lieux.

Nul ne fut surpris de voir un bazar en plein vent

s'établir sous les eucalyptus et les gommiers qui croissaient à profusion en ce lieu.

Nos riz-pain-sel couleur de suie entendaient à merveille le négoce, et jamais propriétaires de boutiques *à cinq et à treize* n'engagèrent avec plus d'entrain les chalands à opérer les transactions les plus originales. Au bout d'une heure, les échanges furent pratiqués à la satisfaction générale, et chacun posséda un échantillon des merveilles apportées par les hommes blancs.

Les marchandises les plus courues étaient, outre les objets métalliques en cuivre ou en fer, les produits chimiques en poudre et en cristaux, jaunes, bleus, rouges, verts, blancs, etc... tels que sulfate de cuivre ou de fer, sulfure de mercure, acétate de cuivre, cyanoferrure de potassium ou carbonate de plomb, en dépit des précautions ordonnées par notre interprète, à cause des propriétés toxiques de ces agents chimiques.

Ils se peignirent avec ces couleurs qu'ils incorporèrent à leurs poudres à tatouages, et firent des prodiges d'imagination pour inventer des parures nouvelles. Je gage que ce jour fut un Longchamps, comme vous dites, vous autres Français, où s'inaugurèrent, dans un assaut de bon goût, des modes dont on parle encore aujourd'hui.

L'un d'eux était réellement étrange. Un flacon d'or mussif (bisulfure d'étain servant à enduire les coussins de la machine électrique) lui était échu en partage, et notre homme n'avait rien eu de plus pressé que de s'en enduire de la tête aux pieds. C'était bien l'être le plus fantastique et le plus extraordinaire que l'on pût rêver. Il ressemblait à une statue de cuivre fraîchement fourbie, mais animée de mouvements désordonnés, et exécutant des cabrioles à stupéfier un clown de profession.

Un autre s'avançait gravement, coiffé de la cloche de la machine pneumatique. Ce récipient de verre dont la transparence et la solidité lui causaient un étonnement sans bornes, lui englobait la tête jusqu'aux épaules. Un troisième s'était fabriqué avec les plateaux d'une balance des cymbales dont il nous assourdissait!... Un quatrième enfin, portait, amarré à son dos, avec des lanières en peau d'anguilles, le disque de verre de la machine électrique.

J'en passe et des meilleurs!

Mentionnons pourtant celui qui s'était traversé la cloison du nez avec un chalumeau à gaz et cet autre qui attachait à un manche la pierre d'obsidienne polie lui servant de hache, avec des fils de cuivre arrachés à une bobine de Ruhmkorff.

En dépit de nos malheurs, le sérieux nous échappa. Mon oncle lui-même sourit!

Le lendemain, nous nous mîmes en marche, et grâce à l'observance rigoureuse du traité, tout alla pour le mieux. Pas le moindre incident pendant huit jours, tant nos auxiliaires mettaient, eux aussi, de loyauté dans l'accomplissement de leur promesse.

Mais, hélas! qui peut jamais répondre du lendemain!

Cette douce harmonie grâce à laquelle nous nous acheminions paisiblement vers notre but, fut brusquement détruite, et je le dis à la louange des natifs, la faute en fut à l'un de nous.

Un matelot nommé Ben Fench, mauvais sujet s'il en fut, taillé en Hercule, boxeur de profession, et brutal comme un pachyderme, avait, depuis quelques jours, jeté des regards de convoitise sur une jeune et jolie indigène.

Le platonisme étant lettre morte pour ce rustre, il livra à la vertu noire des assauts qui, je le proclame hautement, n'effleurèrent même pas l'hermine de son innocence.

En revanche, son mari, un grand gaillard à l'œil émerillonné, chatouilleux comme ses compatriotes sur ce sujet délicat, en eut la bile fortement remuée.

Une explication eut lieu, et malgré les paroles conciliantes de Joë, elle se termina par un effroyable coup de poing qui tomba comme un boulet de quatre-vingts sur la face du pauvre mari, et l'étala de son long, comme un arbre frappé de la cognée.

Une terrible clameur éclata soudain sous les araucarias et les gommiers d'où s'envolèrent, en caquetant éperdument, les kakatoës et les perruches.

C'était le cri de guerre!

Avec la rapidité de la pensée, Ben, la cause de tout le mal, tomba frappé en pleine poitrine d'un coup de hache de pierre. Cinq ou six lances le frappèrent simultanément, en même temps qu'un boommerang arrivait en tourbillant et lui fracassait les deux jambes.

Cet acte de représailles accompli, les noirs justiciers, sans attaquer aucun de nous, d'ailleurs, s'éparpillèrent comme une volée de moineaux.

Cris, appels, prières, tout fut inutile. Le dernier disparut bientôt.

C'en était fait! Nous étions abandonnés sans la moindre provision, dans ce désert de verdures et de fleurs!

Impossible de nous orienter, impossible de retrouver notre chemin et de nous procurer la moindre nourriture. Heureusement que Joë nous était resté. Il se peignit le torse et la figure en *jaune*, ce qui est un signe de paix, et la couleur indispensable à tout ambassadeur; en un mot, le drapeau parlementaire des naturels Australiens. Il se mit à la recherche des fugitifs, en nous promettant d'user de toute son influence pour les ramener.

Deux jours s'écoulèrent!...

Deux jours de soif, de faim et d'angoisses, sous un soleil qui nous versait des torrents de plomb fondu.

Nous désespérions, quand un appel bien connu retentit. C'était notre messager qui revenait, accompagné d'un des fugitifs peint en guerre, c'est-à-dire *blanc* de la tête aux pieds, ou plutôt, portant sur la face, le torse et ses membres, de grossiers dessins représentant vaguement la hideuse charpente d'un squelette.

Le sauvage messager, fièrement appuyé sur la hampe de sa lance à pointe d'os, exigea préalablement la remise, sans conditions, de nos armes et de nos bagages.

Il n'y avait qu'à obtempérer, nous mourions d'épuisement !

Les autres accoururent bientôt, rassurés par cet acte de soumission qui nous mettait complètement à leur merci. Notre supplice fut bientôt terminé. Les racines et la venaison abondèrent de nouveau, ainsi que les poissons et les pains de gomme.

Enfin, chose qui nous rassura sur les suites de l'aventure, les terribles peintures blanches furent effacées en signe d'accommodement.

... Ce qui me reste à ajouter, Messieurs, continua le docteur Stephenson, dépasse les limites de l'invraisemblance.

Les trois immenses caisses contenant les pièces anatomiques furent ouvertes en un clin d'œil, et le contenu apparut aux yeux ravis des pillards, qui ne s'attendaient pas à pareille exhibition. Ils crurent que c'était une réserve pour notre compte personnel, et que, partageant leur goût pour la chair humaine, nous cachions avidement ce trésor.

Vous savez que les pièces anatomiques sont rendues inaltérables au moyen de certaines préparations qu'il serait superflu de vous détailler ici. Les veines et les artères sont injectées avec des mélanges solidifiables, qui empêchent leur affaissement, et leur conservent leur calibre primitif. La matière injectée est bleue pour les veines et rouge vif pour les artères ; de plus, les tons de la chair sont conservés à l'aide de couleurs et de vernis produisant une illusion complète.

Ce fut plus qu'un pillage. Ce fut une orgie de cannibales. Ils s'arrachèrent comme des furieux ces débris secs comme du carton-pâte, et n'ayant plus que l'apparence de la chair.

Voulant assouvir au plus tôt leur monstrueux appétit, ils allumèrent une demi-douzaine de brasiers, devant lesquels ils mirent incontinent à la broche les morceaux entiers qu'ils regardaient avec une convoitise mêlée d'admiration pour l'habile boucher qui les avait préparés.

Sous l'influence de la flamme, ce rôti insolite se ramollit un peu, mais les matières injectées se liquéfièrent et tombèrent dans de longues coquilles nacrées qu'ils avaient mises dessous en guise de lèchefrites.

Je vous laisse à penser ce que devait être cette sauce.

Pour comble d'horreur, le cadavre du malheureux Ben que nous avions enterré au pied d'un gommier, fut bientôt découvert. Ils l'exhumèrent brutalement, et le dépecèrent avec leurs couteaux de pierre, en déployant une dextérité à rendre jaloux un prosecteur d'anatomie.

C'était au moins un rôti véritable.

Nous possédions, en outre, une demi-douzaine de cerveaux, et toute une série de fœtus conservés dans l'alcool à 85°.

Nouvelle trouvaille, accompagnée de contorsions de gorilles. Ils débouchèrent avec précaution, religieusement, allais-je dire, les énormes bocaux qui les contenaient. Ils burent la liqueur conservatrice avec un ravissement qui n'avait d'égal que leur gloutonnerie. Leur ivresse étant portée à son comble par ce liquide infernal, ils avalèrent comme des chinois à l'eau-de-vie ces malheureux débris que la Science peut seule étudier, mutiler même, sans profanation.

Heureux, ivres et gavés, ces abominables sauvages titubaient, hurlaient à plein gosier, et se frappaient sur le ventre avec une béatitude profonde. Ils s'endormirent finalement comme des phoques.

Le lendemain, à l'heure embaumée où le soleil secoue sa chevelure d'or, le caquet joyeux des aras bleus et des perruches multicolores éveilla nos gaillards. Ils s'étirèrent un instant, comme des soupeurs auxquels la nappe a servi de draps, puis se levèrent frais et dispos en gambadant comme de jeunes kanguroos.

Sans la présence de quelques ossements de

forme lugubre, on n'eût jamais soupçonné l'effroyable bombance de la veille.

Quel organe étonnant qu'un estomac australien !

Fidèles à leur engagement malgré notre détresse, ils nous conduisirent à Ballarat, où nous arrivâmes dans un dénûment complet.

Les dernières paroles de ces naïfs enfants de la nature, furent pour solliciter chaleureusement de notre bienveillance un chargement complet de *Petits blancs à l'Eau de feu !*......

Nous ne jugeâmes pas à propos de leur tenir parole.

Trois jours après, nous étions à Melbourne.

## II

### L'ENFER DE JEU

Melbourne! reprit le docteur après une pause de quelques minutes pour allumer un cigare et absorber un verre de punch, Melbourne, dont le nom magique semble évoquer, dans un opulent souvenir, des tourbillons rutilants d'or neuf!

Ville éclose d'hier et déjà immense, où les palais, ouvrages de millionnaires en délire, s'étagent au-dessus des tentes haillonneuses d'êtres faméliques attendant le coup de pic qui doit rebondir sur un bloc d'or énorme comme ceux des contes orientaux!

Cloaque bourbeux dont les rues effondrées engloutissent les « *dray* » ou les piétons, et se transforment, sous les rayons d'un soleil torride, en flots de poussière aveuglants!

Monstrueux mélange de débauche vertigineuse,

de profusion folle, ou de misère affreuse! pays de la furie de l'or, du banditisme, du travail!

Melbourne! sultane favorite du monde entier dont elle pourrait assouvir les appétits, et qui, d'un seul regard de ses yeux fauves, a détrôné sa rivale d'un jour, San Francisco!

A l'époque où se passent les faits que je vous raconte, c'est-à-dire il y a près de trente ans, la fièvre de l'or, bien calmée aujourd'hui, était à son paroxysme.

Tous les aventuriers des cinq parties du globe avaient envahi les terres *Victoria*.

Depuis deux ans seulement, c'est-à-dire le 3 avril 1851, Hargraves avait découvert l'or dans la crique de Sommer-Hill (Sydney.)

Au mois d'août de la même année, un charretier embourbé trouva, en dégageant ses roues, une pépite du pois de 570 grammes dans la crique d'Anderson (Melbourne).

Et déjà plus de quatre cent mille immigrants déchiraient à coup de pic les veines de quartz remplies du précieux métal, fouillaient les argiles aurifères ou lavaient sans relâche les sables du Murray, de Morrumbidge ou du Loddon.

Il n'y avait pas d'autre industrie que celle de *digger* (chercheur d'or). Tel qui voulait bien condescendre à exercer la profession de cordonnier, gagnait près de trois cent cinquante à quatre cents francs, en son après-midi. Un cuisinier — et quelle cuisine pour ces gens pris de vertige! — était payé mille francs par semaine! Une journée de taillandier rapportait jusqu'à trois cents francs. Un pic valait cent cinquante francs. Une paire de bottes cinq cents, une chemise, quarante, etc!...

On payait à la poignée. L'or ruisselait des ceintures de cuir, en poudre, en pépites ou en lingots. L'acquéreur n'y regardait pas de si près. Les *diggers* ressemblaient aux héritiers d'un père archimillionnaire qu'une longue contrainte eût affolés de prodigalité.

On respirait un autre air, en pénétrant sur cette terre étrange. L'atmosphère semblait saturée des vapeurs suffocantes de forges et de creusets chauffés à blanc. L'oreille croyait entendre des froissements lointains de métal roulant ses cascades bruyantes.

A peine débarqués, les plus sages eux-mêmes, soumis à cette influence énivrante, couraient à l'unique maison de jeux, située sur les bords du Yarra-Yarra. Ce fleuve n'était pas pourvu de quais, comme aujourd'hui, et ses eaux tranquilles charriaient des cadavres de décavés, ou ceux des joueurs plus favorisés du sort, que la rapacité des bandits délestait prestement, après un coup de couteau, d'une fortune ramassée en quelques tours de roulette.

Je fis comme tout le monde. Voulant contempler ces richesses fabuleuses, je pénétrai dans l'antre fantastique, bondé d'or, où fourmillaient des êtres extraordinaires.

La maison des jeux, à Melbourne, ne chômait pas. Fête et dimanche, jour et nuit, la foule des aventuriers des deux hémisphères s'y pressait sans relâche.

Quelle singulière destinée, que celle de ce monument sans autre caractère que celui d'une absurde vulgarité ! Qu'il offrait bien à l'œil ces tons gris sale, dont mes concitoyens émaillent comme à plaisir les pays les plus ensoleillés. De la poussière de charbon, gâchée dans du brouillard.

Deux fois en dix ans dévoré par l'incendie, il fut reconstruit séance tenante, et resta le tripot par excellence, le réceptacle de toutes les folies, de toutes les horreurs, jusqu'à la suppression définitive des jeux dans les États australiens.

Ce bâtiment ne pouvait abriter que des désespoirs : c'est maintenant un hôpital auquel on a annexé une salle de dissection.

Mais, en l'an de grâce 1853, l'Européen qui y mettait le pied pour la première fois, éprouvait comme un effarement, à la vue d'une maladroite profusion de dorures plaquées sans goût, selon le caprice d'un ouvrier malhabile ou d'un ordonnateur stupide, et un fouillis indescriptible de divans, fauteuils, tapis, coussins, où s'étendent pêle-mêle, fumant, buvant, mangeant à qui mieux mieux, les joueurs heureux ou décavés.

L'atmosphère lourde, empestée, épaisse, qu'on y respire, ferait tomber en syncope un grenadier allemand. Malgré de nombreux becs de gaz, on distingue à peine les croupiers, au milieu du cercle étrange qui les environne. Ils ressemblent à tous les croupiers du monde, ils sont vêtus de l'habit noir, rasés, pommadés, luisants et poliment impassibles, comme des croque-morts ou des bourreaux que rien ne saurait émouvoir.

Près du monceau de pièces monnayées, de pépites et de poudre d'or, qui se trouve devant eux, on voit une balance de changeur où se pèsent les mises. De chaque côté, est un revolver armé, dont l'usage est assez fréquent, si l'on regarde les fêlures des glaces, et un long couteau, qui a, plus d'une fois, cloué à la table la main audacieuse d'un larron.

Mais quelle assistance, bon Dieu ! quelle *olla podrida* humaine, quelle Babel inouïe de toutes les langues connues !

A côté du gentleman parfait, habillé à la dernière mode, finement ganté, la rose mousseuse à la boutonnière, le stick à pomme de turquoise à la main, se dresse le Kentuckien gigantesque, vêtu de cuir, la tête couverte d'un bonnet de peau de racoon.

Il a la barbe rare, et la joue dilatée par un énorme paquet de tabac, qu'il mastique avec amour. Cet échantillon, moitié crocodile et moitié cheval de la race yankee, tient à la main, par désœuvrement, comme vous tenez ici une lime à ongles ou un cure-dents, un bowie-knife du plus farouche aspect.

Derrière lui, se glisse, cauteleusement, le Chinois chétif et malingre, un habile filou dont l'œil noir dément l'apparente expression de stupidité qu'il veut donner à son visage. Il essaye de retourner les poches du géant. Mais le « crocodile » a l'épiderme chatouilleux, sans doute, car son poing s'abat comme une masse sur la tête rasée du fils du Ciel qui s'effondre sous une table.

De l'autre côté sont des Mexicains, des Brésiliens, des Chiliens, des Colombiens qui, attirés par la fécondité des terrains aurifères de l'Australie, ont abandonné la Californie et ses placers épuisés.

Au bout, quelques officiers de la marine anglaise coudoient des noirs, vêtus d'un pagne rayé, des négociants en gants paille et des mulâtres de toute nuance. Enfin, des Européens : les uns, jadis bruns, sont devenus couleur olive ; le visage rosé des blonds a pris la couleur d'une bassine de cuivre fraîchement fourbie, et disparaît sous une barbe jaunie, roussie, enchevêtrée comme des lianes.

Cette société bariolée, accourt, après des privations inouïes, se saturer, au plus vite, des jouissances que procure l'or, se repaître d'émotions violentes et mener, ne fût-ce que quelques heures, la vie « à outrance ». Ils sont servis à souhait, car non seulement on boit et on mange dans ce lieu infernal, mais on y fait l'amour, et on s'y égorge, en dépit des shériffs et des constables.

Des chercheurs d'or, couverts de haillons sordides, chaussés de bottes éventrées par l'usure, mais portant une ceinture gonflée de métal, savourent, arrosés des crus les plus exquis de France et d'Espagne, les poitrines de cygnes noirs, payées cinq livres sterling sur le marché de Melbourne, les brochettes de troupiales, les foies de cormoran à l'étuvée ou les cervelles de kakatoès aux mangoustes.

D'autres reposent, insoucieusement étendus sur les divans de soie et de velours, à côté de ces Javanaises étranges, moitié femmes et moitié vampires, tigresses insatiables, qui aspirent jusqu'à la dernière goutte le sang et l'or de quiconque tombe entre leurs mains.

Qu'elles sont belles, ces bayadères de l'Océan indien, avec leurs cheveux aux reflets bleuâtres, épars sur leurs épaules nues, quand leur sein bondit sous la gaze, et qu'elles s'avancent avec ce gracieux mouvement de hanches particulier aux femmes de l'Orient.

Quel trouble ne jettent-elles pas dans l'esprit d'un Européen, lorsque leurs yeux à la prunelle de velours, aux longs cils de soie, plongent au fond des siens leur regard flamboyant, et quand leur bouche aux lèvres sanglantes vient s'accoler follement à la sienne, dans un baiser frénétique !

Celui qui conserve une lueur de raison, est perdu sans retour, s'il assiste à la danse des écharpes, cette pantomime lascive qui porte chez elles, à la folie, la fureur érotique.

Oh ! alors, leurs membres admirablement ciselés, aux extrémités d'une finesse inouïe, aux attaches adorables font merveille.

D'abord provocantes et lascives, leurs poses semblent inviter à une molle langueur. Elles ondulent comme des serpents !

Peu à peu une réaction fébrile se manifeste. Le rythme s'accélère, leurs yeux scintillent comme des perles d'acier bruni. Elles bondissent comme des panthères !

D'ardentes convulsions contractent leurs corps... On ne distingue plus qu'un tourbillon vertigineux... Leurs longs cheveux, imprégnés de senteurs, moitié parfum, moitié poison, vous fouettent la figure...

La danse touche à sa fin...

Elles se tordent, ivres de désirs, affolées de volupté, et tombent pantelantes sur les tapis, sans une goutte de sueur au front, et, chose incroyable, la peau toujours aussi froide que celle de la couleuvre...

III

UN DUEL AUX FLAMBEAUX

Au souvenir des bayadères, les lunettes du docteur éprouvèrent quelques trépidations. Une buée légère en obscurcit momentanément les verres qu'il essuya d'un air attendri. Puis il huma en sybarite le fond de son verre, et continua en ces termes :

— Il me revient, à ce propos, une aventure terrible qui eut lieu cette nuit-là même.

Elle montre à quels incroyables accès se livraient ces hommes qui ne connaissaient aucun frein, et combien était peu prisée la vie humaine dans les *hells* (enfers de jeu) de Broock-Street.

Une bayadère en fut la cause essentielle.

La danse finie, les spasmes qui agitaient les damnées sauterelles furent de courte durée. Elles se relevèrent bientôt, et l'une d'elles, la belle des belles, la reine, la merveille, arracha de la ceinture d'un « digger » la cuvette d'étain qui sert à laver l'or, et se mit en devoir de parcourir les rangs des spectateurs émerveillés, pour y faire une collecte, qui promettait d'être abondante.

Elle s'arrêta devant le Kentuckien ébahi, qui cessa de débiter en cure-dents, avec son bowie knife, un morceau d'« *eucalyptus globulus.* »

— Eh ! bien, seigneur, gazouilla-t-elle, avec des notes de bengali, es-tu content ?

« Les filles des grands lacs ont-elles autant charmé tes yeux ?

« As-tu jamais aimé ?...

Qu'elle méritait bien le surnom de « Oiseau du ciel », que lui avaient donné ces hommes grossiers, mais poétiques à leurs heures, grâce à leur contact perpétuel avec les splendeurs inouïes d'une nature follement prodigue de merveilles.

Le « Seigneur » interpellé par la charmeresse, qui le regardait en dessous, un peu penchée, et hanchant légèrement, demeura comme pétrifié. Sa gigantesque musculature était trop faible pour une pareille émotion. Il pâlit sous son hâle.

Il cessa de ruminer son tabac, et la contempla avec la minutie inquiète d'un pachyderme regardant une libellule qu'il craint de broyer.

Il ouvrit son énorme bouche aux longues dents jaunes... On crut qu'il allait parler. Il ne put que proférer un : oh !... admiratif et étouffé, qui lui étreignit la gorge.

Mais comme son geste fut éloquent ! Il plongea furieusement sa large main dans la poche de sa veste de cuir et la retira, pleine jusqu'aux ongles, de pépites d'or, qu'il jeta dans le vase d'étain où elles tombèrent avec un bruit sec.

La Sirène se retourna à demi, tendit à une de ses compagnes le riche fardeau qui faisait ployer son bras, rejeta en arrière ses cheveux de jais, dans lesquels se perdirent un moment ses doigts, et s'élança, d'un bond, au cou du colosse, où elle se cramponna.

— Partons, Seigneur. Tu es grand... Tu es riche... Tu es fort... Viens.

Il se préparait à l'envelopper de sa couverture de campement, qu'un serviteur lui apportait, quand un incident imprévu vint arrêter ses préparatifs de départ.

— Non pas, caramba, non pas !... dit une voix grêle, les poches sont vides, aujourd'hui, mais le cœur déborde !... Quittez ce géant, « Oiseau du paradis » ou Raje de Dios !... je vous égorge et je l'éventre, aussi vrai que je vous adore et que je me nomme don Andrès Cucharès, y Malinche, y Miramontès !..

Un long et sarcastique éclat de rire, modulé avec des sons qui semblaient impossibles au gosier humain, s'échappa comme une fusée de mélodie de la gorge de l'étrange créature.

Elle desserra l'étreinte sous laquelle râlait presque l'Américain affolé, puis alla s'accouder, gracieusement, sur une pile de coussins, en attendant que les rivaux s'égorgeassent.

Les joueurs abandonnèrent les tables et firent un large cercle. Les autres, allongés sur les divans, regardèrent indolemment les préliminaires du drame qui se préparait.

Les deux hommes offraient un contraste invraisemblable.

Long, haut, large, plantureux, musclé, gigantesque, le *digger* américain mesurait deux mètres de la cime à la base.

Son intrépide compétiteur n'avait guère que cinq pieds de haut.

C'était un de ces Espagnols pur-sang, qui déjeunent d'une cigarette, dînent d'un oignon cru, soupent d'une sérénade. Il était parcheminé comme un grimoire de l'Inquisition, et porteur d'une physionomie étrange, éclairée de deux yeux émerillonnés, luisants comme des braises.

Solides comme l'acier trempé dans les eaux du Guadalquivir, ses membres secs et noueux semblaient des branches de houx, recouverts de cuir de Cordoue.

Il avait perdu au *monte* jusqu'à son manteau.

Il ouvrit brusquement sa navaja dont le ressort claqua avec un bruit sec, et arracha brusquement d'une fenêtre un des longs rideaux de velours rouge dont le bâton doré tomba en rebondissant sur le parquet.

Il plia en quatre le lourd tissu, le mit sur son

bras en guise de bouclier, et prit la garde familière à ses compatriotes, le bras et la jambe gauche en avant, la tête et les épaules légèrement en arrière, la main droite armée de la navaja.

— Voulez-vous, cria-t-il en grinçant des dents, me céder la *senora* ?

Le géant, à la vue du Pygmée dont la tête ne lui atteignait pas la poitrine, se mit à siffler le « Yankee doodle » en essayant sur son ongle la pointe de son bowie-knife, dont le fil parut le ravir.

Il se mit en garde, en riant d'un rire semblable au ronflement d'une machine à vapeur.

Il allait y avoir « great attraction. »

— Je suppose, dit à sir Arthur Morris, l'honorable Jim Saunders, que le Kentuckien va pulvériser l'Hidalgo.

— Je présume, répondit sir Morris, que je gagerais bien cent livres que non.

— Volontiers, gentlemen.

— Cent cinquante louis pour le poing de l'Yankee ! cria un Français.

— Cent livres sur la navaja de l'Espagnol ! reprit un « drayman. »

— Banco !

Don Andrès y Miramontès, sans se préoccuper de l'assistance, fit une feinte rapide, et porta, en se courbant jusqu'à terre, un coup furieux dans le ventre de son adversaire qui s'y déroba par une volte aussi rapide qu'inattendue chez un tel mastodonte.

Il riposta par un coup de taille, qui eût décapité l'agile Grenadin, si un saut de côté, renouvelé des toréadors, ne l'eût porté à deux pas sur la droite.

Satisfaits et étonnés, les deux hommes se contemplèrent un moment et devinrent plus circonspects pour l'attaque.

L'Espagnol écarta son bouclier mobile et feignit de se découvrir. Rapide comme un trait de lumière, la lame bleue du Kentuckien frappa l'endroit sans défense. Comptant sur son agilité, l'autre voulut encore esquiver le coup par une retraite de côté.

Trop tard! le bowie-knife, s'accrocha bien dans les plis du velours; mais la main noueuse et dure qui en étreignait le manche de corne, projetée avec une violence irrésistible, atteignit don Andrès à la figure, lui fracassa les dents, et le culbuta sur le dos.

Les bravos éclatèrent. Le blessé, la face tuméfiée, crachant rouge, se remit en garde avec l'agilité d'un clown.

Le géant voulut attaquer à son tour. Le coup formidable qu'il porta, capable de fendre un bloc de porphyre, ne rencontra que l'air. Il en fut tout ébranlé. L'autre, couvert de sa navaja, rompait avec une prestesse inouïe. Sa figure ecchymosée, sa mâchoire cassée qui laissait échapper sa langue comme une pendeloque de chair violâtre d'où suintaient des flots de sang, étaient horribles à voir.

Nul ne s'interposait. Au contraire, chacun surenchérissait.

C'était comme un combat de taureaux. Le dénouement approchait. Vainement l'Espagnol épuisait toutes les subtilités de la terrible escrime du couteau : feintes insaisissables, coups foudroyants, retraites vertigineuses, c'en était fait! Deux mètres encore et il était cloué au mur.

La chance, du reste, se déclara complètement contre lui. Son espadrille glissa sur une fleur tombée des cheveux de la bayadère, au moment où il échappait à un coup porté de haut en bas.

Le couteau de son adversaire passa sur son dos qu'il entailla largement. Le poing s'abattit sur son épaule qui fut brisée, et le bras gauche, qui tenait le velours, retomba paralysé.

Malgré cette nouvelle et atroce blessure, l'Espagnol ne perdit pas son sang-froid et joua son va-tout. Bien que découvert, il allongea, comme une barrière basse, sa jambe dans laquelle s'empêtra le Kentuckien qui chancela. Il lâcha tout à coup son bowie-knife, poussa un grognement d'ours gris mortellement blessé, et porta ses deux mains à son ventre...

Don Andrès, après avoir pivoté sur le talon en poussant un hurlement de joie, lui avait planté jusqu'au manche, sa navaja dans l'abdomen.

Le Yankee ne tomba pas. Il s'en alla d'un pas lourd, automatique ramasser le bâton.

De larges gouttes de sueur ruisselaient de son front livide... derrière lui, le sang rougissait le tapis.

Réunissant ses forces dans un suprême et formidable effort, il leva le bras...

La lourde barre retomba avec un bruit creux sur la tête du malheureux Espagnol dont la cervelle éclaboussa les voisins.

Le vainqueur, expirant à son tour, jeta un regard de triomphe sur « l'Oiseau du Ciel » dont les dents nacrées croquaient des pépins de grenade, qui pâlissaient sous la pourpre de ses lèvres.

Il s'affaissa lentement et tomba sur ses entrailles qui s'échappaient de son vêtement de cuir.

— Je suppose, dit l'honorable Jim Saunders, à sir Arthur Morris, que nous avions raison tous deux. Je pense que nous allons jouer le montant de nos paris... avec votre assentiment, toutefois, gentleman !

— Messieurs, dit un des croupiers, le jeu est fait.

. . . . . . . . . . . . . . . . . .

Un coup de sifflet déchira l'air et coupa la parole au narrateur. Le soleil du matin surgissait à l'horizon, et son disque d'or rouge perçait les brumes flottant sur la rade. La machine, dont les soupapes laissaient fuir la vapeur, était sous pression. Les ancres remontaient lentement.

Quelques oscillations agitèrent le vaisseau dont la masse imposante s'ébranla majestueusement. Le pilote, monté à bord la veille au soir, le guidait à travers les récifs de la passe.

Dans dix minutes nous serons à terre.

— Et maintenant, Messieurs et chers amis, termina le docteur Stephenson, merci de votre attention.

Le pays que vous allez voir est bien changé depuis mon premier voyage, et vous pourrez bientôt comparer vos impressions à celles dont je viens de vous faire part.

Permettez-moi de prendre congé de vous. Dans quelques instants je vais avoir à répondre à la « *Santé* » qu'il n'y a aucune maladie contagieuse à bord. J'aperçois dans le canot qui vient à nous les membres de la commission médicale, si j'en juge par le pavillon jaune flottant à l'arrière.

A demain chez moi, Collin's-Street, Scott's-Hôtel ! je vous offrirai à l'état de gigot et de rosbif des échantillons de viande coloniale toute fraîche dont vos estomacs doivent avoir besoin, et qu'ils apprécieront, j'en suis sûr.

## IV

### COMMENT JE FORÇAI UN KANGUROO

Ce n'est pas comme émigrant, et moins encore comme fonctionnaire que je me trouvais en Australie. Ni comme marin non plus, n'ayant pas l'honneur d'appartenir à la flotte. Pas davantage comme reporter de ces journaux opulents qui ne reculent devant aucun sacrifice pour offrir à leurs lecteurs la chronique des faits et des gestes de l'univers entier. Ni enfin, en qualité de « globe-trotter »... ces gens travaillés d'un sempiternel besoin de locomotion, poursuivis par la fringale des kilomètres qu'ils avalent... avalent... à satiété, galopant sur le sphéroïde terrestre qu'ils voient par échappées à travers le *Guide-Conti*, ce petit bout de la lorgnette du voyageur à itinéraire forcé.

J'étais aux Antipodes, tout simplement parce que j'aime passionnément la nature sous ses multiples aspects, parce que j'adore l'imprévu sous ses manifestations les plus inattendues, parce que j'éprouve de temps en temps le besoin d'échapper aux réalités moroses du vieux monde, de fuir le servage de notre civilisation étriquée aux angles de laquelle on se cogne à chaque instant le nez, et d'aspirer quelques larges bouffées de liberté.

Comme d'autre part, sans être un savant, je possède assez de connaissances pour m'intéresser aux productions de la nature ; comme j'ai du goût pour l'étude expérimentale, je voyage non seulement pour voir, mais encore pour apprendre et approfondir suivant mes facultés. Mes pérégrinations toutes volontaires, toutes spontanées, toutes indépendantes surtout, ont donc leur raison d'être, et ne sont jamais stériles.

Tels sont les motifs de ces courses qui n'ont, en apparence, d'autre but que ma fantaisie.

Après avoir parcouru les quatre parties du monde un peu en naturaliste amateur et beaucoup en chasseur, je commençais à être blasé sur les pampas, les jungles et les savanes.

En revanche, l'Australie, ce pays encore presque inconnu de la vieille Europe, m'attirait, me fascinait. Désireux de contempler les merveilles décrites par les auteurs contemporains, je m'embarquai à Glascow pour le continent austral.

Libre de ma personne, j'étais amplement pourvu du viatique indispensable au voyageur. C'est-à-dire que, dans ma poche, sommeillait un vaste portefeuille bourré des précieuses vignettes des Banques de France et d'Angleterre, et de lettres de crédit, sur les premières maisons de Melbourne, Sydney, Perth, Adélaïde et Brisbane.

Le voyage s'était accompli dans des conditions exceptionnelles. Pas la moindre tourmente dans ces mers inhospitalières qui faisaient l'épouvante des anciens navigateurs. Rien ! sauf un coup de vent dans le tropique, et dont notre puissant vapeur sortit comme en se jouant.

Je foulais enfin le sol australien.

Le commerce à outrance, dans ce pays neuf où ruisselle une sève exubérante, a improvisé en quelques années, de toutes pièces, des villes étonnantes qui, bien qu'exclusivement commerciales, renferment tout ce qui peut assouvir les formidables appétits de gens traversant à la vapeur une existence enragée.

Il n'y a plus rien à dire sur Melbourne. Les descriptions réelles ou apocryphes ont abondé. Je ne prétends pas en faire une nouvelle. Chacun connaît ses maisons de banque, ses cafés, ses casinos. Je n'ai pas besoin de mentionner le *Melbourne-Club*, la bibliothèque, le *Polytechnical-Hall*, le jardin botanique, le musée, les Chambres, les écoles, les hôpitaux, les sept usines à gaz, et les boulevards macadamisés plantés d'eucalyptus. Les pick-pocketts ressemblent à ceux de la métropole, mais un coup de couteau leur coûte moins à donner. Peut-être chante-t-on plus faux à ses théâtres que partout ailleurs, mais l'on y exhibe des bayadères qui ne le cèdent en rien à celles du docteur Stephenson. Ce sont bien les êtres les plus endiablés de la création. Les Gypsies, avec leurs danses effrénées, ne sont plus, comparées à elles, que de prudes et lymphatiques anglaises.

Enfin, les cent cinquante journaux de la capitale de la province de Victoria, élèvent le puffisme à la hauteur d'une institution philanthropique et sociale.

En somme, Melbourne, après avoir été folle pendant sa jeunesse, a pris avec la fortune et les années un peu de sérieux. C'est une ville « arrivée. »

Tout cela était bel et bon. Mais je n'avais pas fait cinq mille lieues pour voir des Européens, surtout des Anglais et des Allemands piétiner l'asphalte, envahir les bars et courir les aventures.

Il était bien permis, aux Antipodes, d'avoir un peu soif d'exotisme et désirer autre chose qu'une ville taillée sur le patron de celles d'Europe. J'en excepte toutefois un horrible quartier chinois, où piaulent et jacassent du matin au soir de vilains bonshommes jaunes comme des coings et ridiculement costumés à l'européenne. Ce sont les *Célestes*, dont l'approche est signalée par une affreuse odeur de bouc et des criailleries assourdissantes.

Les rares spécimens d'aborigènes que je voyais vaguer dans les rues ou dormir dans les squares comme des pourceaux, me soulevaient le cœur.

Quelque inférieurs que puissent être ces humains, les derniers dans l'échelle, je préférais les voir gambader en liberté dans leurs forêts, plutôt qu'errer comme des chiens faméliques et retourner les tas d'ordures.

Rien de plus grotesque et de plus triste que ces malheureux, affublés par la pruderie anglaise de culottes en lambeaux dont le fond, depuis longtemps arraché, laisse passer des chemises fétides. Quelques-uns, de vrais gommeux, se pavanent, la tête couverte de gibus éventrés, rebut des chiffonniers, et affectant les formes minables d'accordéons en ruines.

Au bout de huit jours passés en fêtes simulant les divertissements quelque peu gargantuesques des villes de province, après deux visites aux ruines d'or de Geelong et de Ballarat, maintenant exploitées en grand par des compagnies, ma curiosité fut vite amplement satisfaite. Déjà saturé des plaisirs dont la « Reine des Mers du Sud » enivre ses visiteurs, je commençais à me morfondre, et à soupirer après l'imprévu.

Le hasard, cette étoile polaire du désœuvré, me servit à souhait, car j'eus l'inappréciable bonheur de rencontrer trois gentlemen que j'avais jadis connus à Madras, et dont la présence me promettait de nouveaux agréments.

Sportsmen enragés, le major Kearns, l'enseigne Mac Crowly et le lieutenant Robarts ne demandaient qu'à enfourcher leurs pur-sang, pour vagabonder follement sur la route de la fantaisie, manger à la table du hasard et coucher à l'hôtellerie de la belle étoile.

Une nuit que nous soupions dans je ne sais plus quel casino, l'entretien tomba sur la chasse. La matière était intéressante, le sujet inépuisable. Le major nous raconta les terribles chasses de l'Inde, où l'on attaque, à dos d'éléphant, le tigre rabattu par des traqueurs vert-de-grisés comme les dieux marins du parc de Versailles.

Le lieutenant Harwey nous fit assister à ses courses à travers les forêts du Cap, sombres repaires des lions et des hippopotames, champs de bataille séculaires des monstres du continent africain.

Nous eûmes un soupir de regret pour les chasses d'Europe, et je ne pus rappeler sans un indéfinissable frisson les battues au loup, et les hallali de dix cors et de solitaires, courus dans la forêt d'Orléans.

Ces souvenirs menaçaient de nous attendrir outre mesure, et nous nous empressâmes de remonter, à l'aide de quelques flacons de Clicquot première bien authentique, au diapason de notre gaieté, qui dégénéra bientôt en folie. A ce point que nous ne parlâmes rien moins que d'aller chasser à courre le kanguroo géant !...

Il fallait, en effet, un grain de folie véritable pour concevoir l'idée biscornue de courir ce fantastique produit de la nature australienne, qui se plaît à jeter au nez des savants ahuris les énigmes scientifiques les plus invraisemblables, et aux amateurs d'esthétique les formes les plus apocalytiques.

L'expédition résolue, nous accélérâmes nos préparatifs, qui furent lestement terminés, car en voyageurs endurcis, nous haïssons également l'encombrement, et le départ fut fixé au lendemain 22 janvier.

J'allai prendre congé du docteur Stephenson, ce vieil ami de deux mois, mais de deux mois passés à bord dans la plus cordiale et la plus étroite amitié. C'est dire que les semaines écoulées en compagnie de l'excellent homme valaient des années.

— Docteur, lui dis-je sans préambule, je viens vous dire adieu.

— Déjà! répondit-il surpris.

— Oui, car j'étouffe ici!

« Votre civilisation australienne m'exaspère... et je préfère à son luxe exotique les déserts, la vie libre, le grand air!

— Et, où comptez-vous aller?

— Vers le Nord.

« Je veux voir des contrées où ne glapissent pas les locomotives... contempler d'autres arbres que vos eucalyptus de fer-blanc, noircis par la fumée des usines, comme le palmier de la Samaritaine.

« ... Assez de faux-cols, d'habits noirs et de dîners officiels!...

« J'ai dit... je pars !

— Oh ! Parisien affamé d'ombrage et de villégiature !

« Comment ! vous faites vingt mille kilomètres pour aller à la campagne, et déjà vous regrettez l'espace compris entre Tortoni et la rue Drouot !

— Que voulez-vous, docteur, il y a là le Tout-Paris composé pour moi de quelques êtres supérieurs, faute desquels je préfère le désert, la mer ou la forêt-vierge !

— Je vous contredis pour la forme, cher ami.

« Ah ! si j'avais vingt-cinq ans de moins, je ne vous quitterais pas !

— Et, docteur, vous vous méconnaissez !

» N'avez-vous pas toujours bon pied, bon œil, bon appétit ?

« Tenez ! pas de phrases entre nous... Je pars demain au lever du soleil avec trois compagnons charmants, mes chiens et chacun un cheval.

« Nous allons à cent-vingt lieues d'ici, chez sir Read, chasser le kanguroo... une promenade, vous voyez.

« Allons, venez !

— On ne se promène pas en Australie, mon cher enfant !

« On erre et souvent on meurt de faim au milieu des bosquets embaumés aussi terribles que le Pôle avec ses glaces, et le Désert avec ses sables !

« Qui sait ce que durera cette promenade !

— Mais la *Tweed* ne part pas avant six mois !

— Je refuse à regret, mais réflexion faite, je reste.

« Je ne veux pas d'autre part vous laisser partir sans vous donner quelques conseils dont vous apprécierez plus tard l'utilité.

« Je vous le répète, défiez-vous des déserts splendides que vous allez traverser... ils sont plus dangereux que ceux de l'Afrique, parce qu'on y néglige les précautions que l'on n'oublie jamais ailleurs.

« De la prudence! Rappelez-vous la mort de l'infortuné Burcke.

« Ne craignez pas de vous charger de provisions... de l'eau surtout! on fait quelque fois cent lieues sans en trouver une goutte.

« Ménagez vos chevaux : le salut d'un voyageur dépend souvent des jambes de son cheval.

— Merci mille fois, mon bon Docteur!

« Je me suis toujours tiré des situations les plus périlleuses... je suis un citoyen de l'univers et ne me trouve dépaysé nulle part!

« Je vous reviendrai bientôt.

— Eh! bien, au revoir et bonne chance! me dit l'excellent homme en me serrant la main.

Mes amis n'avaient eu que la peine de demander à l'amirauté un congé qui leur fut gracieusement accordé. Cinq heures après nous arrivions à Echuca, d'où nous nous dirigeâmes gaîment, la trompe sur l'épaule, vers la demeure de sir Th. Reed, située à dix journées de marche dans l'intérieur des terres.

Notre meute se composait de dix admirables chiens vendéens, seuls survivants de vingt-cinq formant jadis un équipage dont j'étais fier à juste titre. Chacun de ces nobles animaux était pour moi d'une valeur inestimable, et je ne m'en fusse à aucun prix séparé.

Ils avaient suivi mes pérégrinations de Nemrod errant, voyageant à grands frais : en voiture, en bateau, en chemin de fer, voire même en palanquin. Combien de fois ne fis-je pas abattre les cloisons du gaillard d'avant pour leur procurer un chenil commode à bord du bâtiment qui nous transportait !

L'existence de chacun d'eux fut une véritable odyssée : Lumineau eut pour tombeau provisoire, dans la Guyane hollandaise, l'estomac d'un boa qui n'en fit qu'une bouchée. Je tuai le boa et j'eus la triste consolation de donner à mon brave compagnon une sépulture plus convenable. Stentor, piqué au museau par un cobra-capello, mourut en cinq minutes, à deux cents lieues de Guaymas. Margano fût entraîné au fond des eaux par un alligator près du Bayou-Lafourche, en Louisiane. Une demi-douzaine me sauvèrent la vie dans la Cordillère des Andes, en s'accrochant au mufle et aux jarrets d'un taureau sauvage qui roula avec eux dans les abîmes sans fond d'un voladero. Ceux qui restaient, quoique couturés de cicatrices et plus ou moins rhumatisants, étaient encore des bêtes sans pareilles, qui pouvaient, chose inexplicable pour un veneur, chasser toutes sortes de fauves.

Une mule de charge portait nos bagages, et nous avions — précaution indispensable en Australie — chacun une boussole solidement amarrée à une poche spéciale.

Nous avions pour guide un vieux sauvage auquel le major avait jadis sauvé la vie dans des circonstances singulières, et qui avait pour son bienfaiteur un attachement de caniche. Il allait être, nonobstant sa maigreur, rôti et mangé avec une garniture d'un légume qui aurait peut-être quelque succès chez Potel et Chabot. Il tient le milieu entre la tomate et l'aubergine, et on l'appelle « solanum anthropophagorum ». Le major tomba comme un Dieu sauveur au moment où le couvert était dressé, mit en déroute les convives à coup de cravache et de revolver, et tira le pauvre vieux de la lèchefrite où il commençait à rissoler. Sa connaissance parfaite du buisson et son aptitude merveilleuse à la chasse nous le rendaient doublement précieux. Il fut, à l'unanimité, élevé aux fonctions de piqueur.

Après un voyage charmant, sans autre inconvénient qu'une chaleur infernale, qui nous faisait bouillir la cervelle dans le crâne et transpirer comme des alcarazas, nous atteignîmes la station.

Deux mots sur ce qu'on appelle une « station ».

Le gouvernement anglais fait dans le Buisson (the Bush) d'immenses concessions de terrains à de riches squatters qui y établissent des fermes, ou plutôt de véritables forteresses, capables de résister aux incursions des naturels. Ils sont alors soumis, sous peine d'amendes considérables, à l'obligation de tenir un magasin contenant des provisions de toutes sortes : vivres, armes, munitions, habits, outils de mineurs, qu'ils doivent vendre au prix-courant de Melbourne. Ils doivent en outre héberger, trois jours au moins, tout voyageur demandant l'hospitalité.

Nous prîmes deux jours de repos, pendant lesquels le vieux Tom ne resta pas inactif. Nous avions substitué ce nom au baroque assemblage de syllabes cacophoniques, entremêlées de hoquets et de gargarismes, qui constituait jadis son nom parmi ses congénères et que notre gosier européen se refusait à prononcer.

Il avait dépisté un kanguroo géant de la plus belle venue, et venait nous faire part de cette bonne nouvelle.

Le kanguroo géant est le plus grand quadrupède de l'Australie. Appelé « macropus fuliginosus » par les naturalistes, qui ont tenu à honneur de lui donner un nom doublement en *us*, il a environ deux mètres de haut, sa queue est presque aussi longue que son corps, sa chair tient le milieu entre celle du bœuf et celle du cerf. Vous avez pu voir, au Jardin des Plantes, le kanguroo commun qui demeure près de son compatriote le casoar. Ce pensionnaire de notre ménagerie est une fois et demie plus petit, mais la forme en est la même. On pourra donc se rendre compte de ce qu'était l'étrange animal que nous nous préparions à chasser selon les principes de Gaston Phœbus et de du Fouilloux.

Je tins à faire la quête moi-même, afin de savoir la contenance que garderaient nos chiens devant cette piste insolite. J'étais d'ailleurs persuadé que si mon vieux limier Mirador y prenait goût, le succès serait certain. La bête était rembûchée dans un bois mélangé de gommiers et de myrtes d'une superficie de trente à quarante hectares. Je brisai sur la piste d'entrée, et faisant rapidement le tour de l'enceinte, je m'aperçus qu'elle n'était pas sortie. Je revins à mon point de départ, tenant mon limier à deux longueurs de trait, et j'eus le bonheur, aussitôt que son odorat perçut les émanations, de voir son œil s'allumer, son poil se hérisser. Il tirait sur la laisse, pointait avec fureur et je fus forcé de lui serrer le museau dans ma main pour l'empêcher de hurler. J'avançai avec d'infinies précautions et je vis, *par corps*, l'animal, broutant dans une clairière, les graminées éparses autour de lui.

Certain désormais du succès, je rentrai faire le rapport à mes compagnons qui s'étaient, pour la circonstance et à mon grand étonnement, parés du traditionnel costume du veneur: cape en tête, dague au flanc, habit écarlate, rien n'y manquait.

Après un solide déjeuner que nous absorbâmes rapidement, nous allâmes frapper à nos brisées.

Les chiens furent découplés en un tour de main ; la voie était saignante, ils l'empaumèrent avec un entrain admirable pendant que nous sonnions la royale à pleins poumons. Comme il n'existe pas, que je sache, de fanfare pour le kanguroo, nous avions jugé à propos de le saluer de celle du dix-cors.

Abasourdi par les éclats de nos trompes, l'animal fait trois ou quatre bonds de plus de dix mètres, s'arrête et se retourne en regardant d'un air interloqué les chiens et les habits rouges. Quel singulier animal ! Il a au moins deux mètres de haut. Et quelle allure !

Les pieds de derrière lui servent seuls pour galoper ; ceux de devant sont deux fois plus courts.

Diable ! c'est un rude coureur ! Nos chiens et nos montures auront fort à faire. Comme il saute !... Il imite à s'y méprendre les allures d'une colossale grenouille qui pique devant elle paraboliquement, s'abat et repart comme poussée par un ressort.

Il prend de l'avance et s'arrête brusquement, se repose en s'appuyant sur son immense queue aussi longue que son corps, dans l'attitude d'un marchand de coco étayé par son bâton.

Puis, il s'élance de nouveau, au grand étonnement des chiens qui hurlent à pleine gorge. Par Saint-Hubert ! quelle admirable musique !

C'est, pardieu ! une chasse entraînante !

Hourra ! pour la meute, et Tayaut ! pour la bête.

La vue et le bien-aller poussés par nos trompes se mêlent aux clameurs des chiens. La chasse prend une allure enragée. Nous suivons la bête que nous voyons de temps en temps, à travers les arbres, s'élancer de cette même façon grotesque.

Nous arrivons en plein buisson, et bien que familiarisés avec les invraisemblables magnificences de la flore australienne, nous sommes suffoqués d'admiration !

Mélangez toutes les splendeurs végétales des mondes connus, réalisez par la pensée les incomparables merveilles des *Mille et une Nuits*, et vous ne pourrez rêver de serre, de parterre de nabab, où tous les millionnaires du monde auraient entassé toutes les richesses de la végétation, qui puissent être comparés avec cette terre littéralement ensevelie sous la soie, l'or et le satin des millions de corolles qui la dérobent aux yeux et constellent sa robe de velours vert de perles aux reflets inimaginables.

Nous n'accordons plus à la chasse qu'une attention distraite, tant notre admiration est excitée par ces éclatantes merveilles ! Quelque grands amateurs de sport que soient mes compagnons, ils sont ivres d'enthousiasme.

Nos braves chiens hurlent toujours dans le lointain, nous galopons à leur suite. Nos chevaux enfoncent jusqu'au poitrail dans des massifs embaumés de magnolias, de mimosas, de pélargoniums, de plantes semblables aux dahlias en pleine floraison, de ficus, de phormiums et de mille fleurs dont les formes sont indescriptibles et les nuances inanalysables. Nous traversons des futaies de rhododendrons et d'achirantès aux feuilles violacées, entremêlés de gommiers au tronc d'un blanc éclatant.

Toutes ces plantes, qui sont inconnues en Europe ou n'y vivent qu'artificiellement, acquièrent ici d'incroyables développements. Nous nous trouvons au milieu d'un fouillis inextricable de sophoras, de daturas stramoniums, hauts de quinze à vingt mètres, et auxquels s'enchevêtrent confusément les clématites et les aristoloches.

Si parfois nous trouvons une source, nous voyons à l'entour le splendide lys royal qui dresse à vingt-cinq pieds de haut sa fleur veloutée, large de plus d'un mètre, véritable cassolette qui envoie ses effluves à d'incroyables distances.

Au-dessus de cette plantureuse végétation monte jusqu'à la nue la cime des eucalyptus hauts de 350 à 400 pieds, celles des araucarias, des myrtes odorants, des fougères gigantesques et des palmiers de toute sorte. Puis des arbres étranges, qui ont en guise de feuilles de longues tiges, minces et déliées comme des brins de foin ; d'autres ne peuvent donner d'ombre, parce que leurs feuilles sont la pointe en bas, dans le plan du soleil. Des orties énormes dont le contact paralyse quiconque les touche, et des arbres qui comme l'upas-tieuté foudroient l'animal le plus vigoureux.

Je renonce à peindre ces millions d'oiseaux qui s'envolent en essaims babillards sous les pieds de nos chevaux et s'éparpillent joyeusement comme les étincelles multicolores d'un bouquet d'artifice : rosalbins, pintades, perdrix huppées, aras bleus ou roses, aussi variés de couleur et d'espèce que les fleurs avec lesquelles ils rivalisent d'éclat et de fraîcheur ; et cette pléiade d'oisillons miscroscopiques, papillons emplumés, véritables perles vivantes qui viennent aspirer au fond des corolles la nourriture embaumée qu'y dépose chaque nuit la déesse des fleurs.

... Nous galopions depuis quatre heures. Nous endurions tous les tourments de la soif, la faim se faisait impérieusement sentir et cependant, cette luxuriante végétation n'avait à nous offrir ni un fruit ni une baie. La nature australienne a pris à tâche, comme je l'ai déjà dit, de renverser dans le règne animal et végétal les classifications des naturalistes. Nous n'osions nous rafraîchir malgré les violentes tentations que nous faisait subir la vue de fruits inconnus pouvant recéler la mort. L'instinct de nos chevaux, auquel nous nous abandonnâmes, nous fit trouver une source délicieuse qui satisfit au plus pressant besoin.

Bêtes et gens rafraîchis et reposés, nous nous préparions à partir, quand les abois, que nous n'entendions plus depuis près d'une heure, frappèrent notre oreille. Nos braves chiens avaient fait leur devoir, appuyés en temps et lieu par le vieux Tom, qui de son côté avait débrouillé un change avec un merveilleux instinct.

Poursuivi à outrance par nos intrépides loutous qui lui soufflaient au poil, le kanguroo déboucha dans la clairière, fatigué outre mesure, les oreilles pendantes, la langue violacée, le poil gluant, signes indiquant infailliblement à un veneur qu'il était sur ses fins.

Il se précipita dans l'eau et essaya vainement de s'y rafraîchir, les chiens lui mordaient les jarrets. Il prit pied sur l'autre rive. Nous lui entonnâmes le *Bat-l'Eau* bientôt suivi de l'hallali par terre, car, n'en pouvant plus, il s'arrêta, pour se défendre, contre un arbre gigantesque à l'écorce rugueuse, disposée comme des pierres de taille, et pouvant recéler un homme dans ses anfractuosités.

Notre animal, possédant toute sa force dans les pieds de derrière, s'appuya sur ceux de devant, et, au lieu de faire tête comme le cerf ou le sanglier, il fit... ce qui n'a pas de nom en vénerie, et lança des ruades terribles à nos braves vendéens.

Déjà, le jeune Ronflot avait payé d'une mâchoire cassée son ardeur téméraire ; un autre gisait les côtés broyées par une ruade. Nous ne pouvions « servir » la bête en lui coupant les jarrêts d'un coup de revers, comme le recommande du Fouilloux.

Nous étions fort perplexes, car l'animal était dangereux. Heureusement que Mirador, sauvant la situation, profita d'un faux mouvement de la bête affolée et l'étrangla net!

Nous entonnâmes la lugubre fanfare de la mort. Tom fit la curée chaude, et découpa méthodiquement ce singulier quadrupède qui semble composé de deux êtres bien distincts. On dirait que sur le train de derrière d'un poulain, la nature a accolé les pieds de devant et la tête gracieuse d'une jolie gazelle.

Les morceaux les plus délicats furent incontinent mis à la broche, et le reste avalé en un clin d'œil par les chiens affamés.

Enfin, après un repas copieux, arrosé de l'eau de la fontaine, nous pensâmes à camper dans la forêt, car nous ne pouvions songer que pour le lendemain à un retour qui s'effectua sans incident.

# PROCÈS-VERBAL.

Couuu!... mouuu!... houuu!... ééé!...

Ce cri bizarre, qui sert de ralliement à tous les indigènes australiens, retentissait lugubrement, à deux heures du matin, sur la côte orientale de l'Australie, vers le 24e degré et demi de latitude sud.

Furieusement battu par les lames qui le poussaient sur les reliefs de corail, le transport *Hero* achevait de se briser, non loin du cap Palmerston.

Les naturels, pour qui un naufrage est toujours une bonne fortune, avaient allumé des feux nombreux, pour annoncer à leurs congénères cette aubaine que leur envoyait le bon père Océan. Phares trompeurs, qui devaient hâter la perte des hommes blancs, et procurer aux estomacs des bimanes couleur de suie l'occasion d'une pantagruélique bombance.

Une embarcation avait déjà été fracassée par

les pointes rouges des coraux formant d'inextricables et inflexibles entrelacements. Les cadavres de ceux qui la montaient avaient été recueillis par les anthropophages accourus à la curée.

Des tiges d'eucalyptus, d'araucarias et de gommiers crépitaient en lançant des gerbes d'étincelles. Devant ces brasiers cuisaient de hideux restes, découpés avec des haches et des couteaux en pierre, par les sauvages, dont les mandibules craquaient de convoitise.

Le rôti paraissait cuit à point. La garniture, composée d'un légume baptisé par les naturalistes du nom significatif de *solanum anthropophagorum*, fumait dans de longues coquilles nacrées, disposées devant les feux, en guise de lèchefrites, par la prévoyance des convives. Le couvert était dressé, le festin allait commencer. Un des sacrificateurs, vêtu d'une plume dans les cheveux, et d'un bracelet en dents de serpent, commença une sorte d'invocation, servant sans doute de « *benedicite* » à ce lugubre repas.

Un cri formidable, poussé en bon français par une voix habituée au commandement, vibre dans la nuit et arrête tout net le premier verset de l'élu de la caste sacerdotale.

— Halte-là!... au nom de la loi!...

Les noirs étonnés se lèvent d'un bon et sautent sur leurs armes.

— Halte-là!... reprend la voix; que je réitère!... Obtempérez, sauvages, sinon je verbalise.

Un moment stupéfiés, ils abaissent les lances à pointes d'os, les massues en bois de fer, les dowuck, les boomerangs, et se tiennent dans une attitude respectueuse non moins qu'effarée.

Jamais les indigènes qui errent depuis la pointe d'York jusqu'à Melbourne, ou depuis Sidney jusqu'à la rivières des Cygnes, n'avaient contemplé un phénomène semblable à celui qu'éclairaient les foyers de leurs lueurs éclatantes.

Ce phénomène, c'était un gendarme français en grand uniforme!

Long, haut, maigre, osseux, noueux et tourmenté comme un tronc d'arbre, le nez violemment coloré, la moustache en croc, la barbiche en virgule, la poitrine ornée de l'étoile des braves, son arrivée tient du prodige.

En quelques coups de botte, il éparpille vivement les broches et les rôtis.

— Que c'est honteux, sauvages, honteux et illicite de manger son semblable! m'entendez!

Il dit, et se campe héroïquement dans une attitude militaire irréprochable, l'œil à dix pas, le petit doigt sur la couture, comme à l'inspection, et fixe intrépidement les moricauds grimaçants. Les pointes de son chapeau « en bataille » forment une ligne rigoureusement horizontale, ses buffleteries reflètent des fulgurations d'or en fusion, ses bottes, encore mouillées, luisent comme de l'ébène verni, et le fourreau de son sabre étincelle comme l'arc d'argent de Phœbus Apollon.

Bientôt remis de leur stupéfaction, et furieux de voir les débris de leur festin joncher le sol, les natifs entourent le nouveau venu, lèvent derechef leurs armes sur lui, et, malgré la noble attitude de son maintien, se livrent à de fantastiques ébats inspirés par la Terpsichore australienne.

Ils ont tous figuré avec de la couleur blanche, sur leurs torses, leurs membres et leur face, les os du squelette humain, cette parure de haut goût étant la tenue de rigueur, l'habit de cérémonie des agapes anthropophagiques.

La plupart portent, en outre, des tatouages absolument renversants. Les uns ont dessiné sur leurs joues couleur de réglisse, avec des couleurs minérales, les favoris des matelots anglais, qu'ils ont aperçus aux stations navales.

Les autres portent des moustaches. Sur les joues de quelques femmes sont représentées des pipes dont le tuyau semble sortir de la commissure des lèvres, pendant que la fumée monte en spirales bleuâtres jusqu'à la tempe.

Rien n'y manque. Pas même le point rouge formé par le tabac en ignition.

D'autres, enfin, ont figuré, sur leur torse nu, la tunique rouge des soldats du Royal-Marine sanglée à la taille par le ceinturon blanc qui soutient le sabre et la baïonnette.

Leur sarabande est accompagnée du cri mille fois répété de *Kik-hété!... Kik-hété!...* Ce qui signifie, en langue australienne : Mangeons-le! mangeons-le!

Le gendarme est imperturbable. Mais, comme il ignore les subtilités des dialectes polynésiens, il s'imagine que ces paroles l'invitent à dire qui il est.

— Qui que t'ès?... qui que t'ès?... Ils me tutoient, que je présuppose, ces hommes peu vêtus... Eh! bien, donc, je vais vous le dire, nonobstant que vous soyez de simples sauvages. Vous avez celui de voir devant vous le g'darrrrrme Onésime-Eusèbe-Philibert Barbanton, de la g'darrrrm'rie coloniale; médaillé depuis 63, dix-huit ans de service, cinq campagnes, trois blessures, décoré pour fait de guerre en 1870, et présentement naufragé sur vos rivages, en revenant de la Nouvelle-Calédonie.

— *Kick-hété!... Kick-hété!...*

— Paraît, sauvages, que vous n'avez pas l'entendement plus subtil que les Canaques... C'est la faute à vot' govern'ment!

« Tant pis, sauvages! Que si vous n'étiez pas des êtres oblitérés, je vous montrerais mon livret. Mais que vous ignorez les bienfaits de l'école primaire... c'est donc inutile, subséquemment.

Malgré ces explications, qui en dépit de leur bienveillance, laissent percer un coin d'ironique dédain, les hurlements atteignent une intensité que ne peuvent concevoir des oreilles européennes. Quelques griffes crochues s'allongent pour saisir le brave militaire toujours impassible.

Il serait perdu sans un incident qui retarde le moment fatal.

Le navire vient de couler, et les vagues lancent à la côte de nouveaux naufragés, qui se relèvent meurtris et sanglants.

Les cannibales les saisissent avant qu'ils aient pu se reconnaître... ils vont être égorgés !

Le brave Barbanton n'y tient plus ! Il dégaine son sabre, se couvre d'un moulinet rapide, et expectore une série de commandements, qui se fussent entendus sur le front d'une division.

— Garde à vôôôs ! Silence dans les rangs ! Au nom de la loi ! je dresse procès-verbal à toute la compagnie, les dames comprises. Les rassemblements sont interdits ! Prenez garde, délinquants ! dispersez-vous ou je charge ! *Ma patience est à bout!...*

Il se précipite en avant, butte contre une racine, et manque de s'abattre. Son chapeau à corne suit l'impulsion et tombe à ses pieds.

O prodige inouï ! O merveille inénarrable ! Les anthropophages jettent précipitamment leurs armes, se prosternent humblement à terre, et murmurent d'une voix respectueuse le mot : « *Tabou ! Tabou ! Tabou !* » C'est comme un coup de théâtre.

Le gendarme, stupéfié à son tour, ramasse prestement sa coiffure et l'assujettit en trois temps sur sa tête. Alors, les salamalecs et les adorations s'adressent à lui-même et ses féroces ennemis osent à peine lever les yeux sur lui. Sans rien comprendre à ce revirement subit, le brave homme profite de son pouvoir magique pour prendre sous sa haute protection ses compagnons tremblants de terreur qui ont peine à comprendre le miracle.

Barbanton ignorait que le mot « Tabou » signifiant sacré, inviolable, prononcé devant les indigènes de l'Océanie, confère à la personne ou à l'objet sur lequel on le prononce, un état d'inviolabilité que nul n'oserait jamais profaner, sous peine des plus épouvantables malheurs.

Au moment où il disait : *Ma patience est à bout*, son chapeau tomba, et les cannibales, faisant à leur tour un quiproquo, crurent qu'il venait de « tabouer » cet objet bizarre, qui fit dorénavant révérer son propriétaire à l'égal d'un Manitou.

Enfin, les hauts dignitaires de la tribu s'enhardirent peu à peu et vinrent frotter respectueusement leur nez contre celui du gendarme, qui parut fort sensible à cette politesse exotique. Après eux, les simples citoyens, puis les femmes, et jusqu'aux enfants se livrèrent avec non moins de vénération à l'accomplissement de ce pieux devoir.

Ces contacts réitérés eurent pour objet de faire passer du rouge vif au violet l'organe d'olfaction du nouveau saint dont venait de s'enrichir le calendrier australien. Sa figure martiale en reçut un lustre tout nouveau. Les natifs s'en réjouirent et les naufragés saluèrent cette rougeur qui leur présageait l'aurore des jours plus heureux.

Le gendarme lui-même en fut émerveillé.

— Paraît, dit-il, que je commence à devenir

quelque chose comme qui dirait un empereur, ou bien encore un bon Dieu !

« Je ne dis pas non, sauvages !... que ça peut servir... térativement.

Tout est bien qui finit de même. Le gendarme fit tant et si bien, se démena avec une telle intensité, commanda d'une si belle voix et sut user avec tant d'à-propos de son *tabou*, que l'abondance régna bientôt dans le camp improvisé par les naufragés. Comblés de présents, gorgés de chair de kanguroo et d'opossum que leurs adorateurs allaient chasser pour eux, les naufragés s'acheminèrent vers Port-Dennison, distant d'environ cinquante lieues. Ils y arrivèrent au bout de six jours, escortés par leurs gardes du corps, qui ne voulurent les quitter qu'à quelques lieues de la ville.

On se sépara après nombre de poignées de main, d'embrassades et de frictions de nez. Les natifs ne pouvaient se résoudre à abandonner leur *tabou*.

Il fallut pourtant se quitter, car le steamer qui fait deux fois par mois le service entre Sidney et Melbourne allait partir. Le capitaine consentit à les prendre à son bord et huit jours après, ils étaient dans la capitale de Victoria.

Le récit de leurs aventures fit, pendant quinze jours, les sujets de toutes les conversations. Barbanton devint la coqueluche de la ville entière. Les journaux publièrent son portrait, et le directeur de l'un d'eux lui paya un autographe mille francs la ligne.

Il était écrit d'autre part, que le gendarme épuiserait toute la série des événements les plus invraisemblables. Le Parlement colonial, jaloux des prérogatives de ses nationaux, fit comparaître Barbanton à sa barre, et le condamna à une livre d'amende, pour usurpation de fonctions.

Il avait verbalisé, lui Français, sur le territoire de Sa Majesté britannique. Ces Anglais sont si formalistes !

Comme il sortait de l'audience un peu déconfit — c'était la première fois qu'il comparaissait comme prévenu — le président lui remit une superbe montre en or et une liasse de banknotes.

On récompensait sa belle action, et le principe de non-intervention était sauvé.

Barbanton a pris sa retraite l'an passé. S'il est riche grâce aux libéralités anglaises, sa patrie n'a pas été ingrate. Il est titulaire d'un bureau de tabac à Pantin.

Il faut l'entendre, le matin, raconter ses aventures, en prenant son verre de vin blanc. Il cligne de l'œil d'un air entendu, tourne sur le fourneau de sa pipe son pouce incombustible, et commence invariablement en ces termes :

— Du temps que j'étais bon Dieu chez les sauvages, m'est arrivé un drôle de tour...

J'ai déclaré procès-verbal à des gens qui se mangeaient, eh bien ! c'est moi que j'ai payé l'amende !...

# SOUS L'ÉQUATEUR

LA MAMAN-COULEUVRE

(ÉPISODE D'UN VOYAGE EN GUYANE)

Je descendais, après une longue absence, le Maroni, ce fleuve énorme qui roule entre la Guyane française et la Guyane hollandaise, comme un torrent large de trois kilomètres. Le saut Hermina, le dernier rapide qui barre les eaux, comme une écluse naturelle, venait d'être franchi.

Dans deux jours je devais être à Saint-Laurent, une de nos colonies pénitentiaires, située à quarante kilomètres de l'embouchure du fleuve. Dans deux jours, j'allais dire adieu aux rôtis légendaires, et aux couchers incommodes de la haute Guyane. Mon corps pourrait donc s'allonger sur un vrai lit et mon estomac digérer du pain! Du vrai pain, n'ayant rien de commun avec le manioc et fabriqué avec du froment, mon compatriote beauceron.

Cette perspective, jointe à celle d'un prompt retour en pays civilisé, me rendait positivement radieux.

Pensez donc, avoir dormi, pendant dix longues semaines, à la belle étoile, dans un hamac périodiquement visité par les maringouins, les chauves-souris-vampires, les scorpions, les scolopendres ou les macaques ; avoir été soumis à l'audition gratuite, mais obligatoire, d'un concert improvisé par les hérons-butors, les crapauds-bœufs et les singes-hurleurs ; s'être repu, faute de mieux, d'iguanes, d'anguilles-tremblantes, de lézards-caïmans, de pangolins et de toute une collection de singes, depuis le coata, jusqu'au sapajou, et entrevoir la perspective d'un retour complet aux habitudes européennes, pouvoir me dire : ma mission est terminée ! vous conviendrez qu'il y avait là de quoi ravir le moins impressionnable des voyageurs.

J'avais congédié tout mon personnel et déposé au *dégrad* (1) de Sakoura, dans le magasin de mes amis Cazals et Labourdette, les bibelots rapportés de mon expédition. Je n'avais gardé qu'une seule pirogue, montée par trois Bonis de Paramaka. C'étaient le noir Amérikan, sa femme Isaba et leur fils Quassiba.

---

(1) Débarcadère.

Le mari était un grand nègre de cinq pieds dix pouces, au torse d'athlète, aux fines attaches, à la figure douce et sympathique. Sa femme, une robuste commère, large et haute comme une armoire en ébène, avait une bonne face que dilatait toujours un vaste et bon sourire. Le gamin avait la mine éveillée commune à tous les négrillons.

Ce trio était habillé d'un rayon de soleil et d'un *calimbé*, sorte de feuille de vigne en cotonnade un peu inférieure en dimensions à un caleçon de bain. Vêtement rudimentaire permettant une grande liberté de mouvements, mais autorisant entre les épidermes nus et l'astre chauffé à blanc un contact auquel je ne pouvais penser sans frémir.

Je cuisais littéralement sous ma flanelle blanche, comme une tortue dans sa carapace sur des charbons ; mon crâne bouillait sous mon casque, et mes trois Bonis, tête nue, pagayaient avec rage en chantant à plein gosier. Le gamin lui-même dominait de son fausset les organes plus graves de ses auteurs, et s'escrimait de toute la force de ses bras de dix ans, à une pagaie longue d'un mètre, la moitié de celle de son père.

Celui-ci, juché sur l'arrière de la pirogue, relevée aux deux extrémités, un peu à la façon des gondoles vénitiennes, barrait et pagayait en même temps. C'est la place la plus difficile, le poste de confiance. Venait ensuite votre serviteur, assis d'une façon assez incommode sur une petite cantine d'officier, modèle 1869, puis le jeune Quassiba, accroché à son instrument nautique, puis M^me Isaba, à l'avant.

Le frêle esquif, long de six mètres, large de quatre-vingts centimètres, immergé jusqu'au ras du bord, volait sur les flots unis.

Telle est la stabilité de ces embarcations, construites d'une seule pièce dans le tronc imputrescible d'un *Bemba*, que nous ne sentions pas la moindre oscillation. Telle est en outre leur solidité, qu'elles peuvent résister au passage à travers les rapides, grâce aussi à leur avant recourbé, épais de dix centimètres, c'est-à-dire quatre fois plus que la coque.

J'avais hâte d'arriver. Aussi pour stimuler mes noirs bateliers, avais-je débouché une bouteille de tafia à laquelle chacun donna tout d'abord une voluptueuse accolade. Mais ce nectar équatorial devait pâlir devant l'exhibition d'une boîte de sardines, à l'autopsie de laquelle je procédai avec une paire de ciseaux tirés de ma trousse de chirurgie.

Il fallait entendre craquer de convoitise les mandibules de mes braves sauvages, à la vue de ce fretin huileux, qui fut avalé en moins de temps qu'il ne faut pour le dire. Puis après le hors-d'œuvre vint le plat de résistance, composé pour le père d'une tête de « coata » boucanée (grand singe noir), pour l'enfant, d'une patte, pour la mère, de la queue, charnue et succulente comme celle du bœuf.

Ce balthasar, complété de poignées de couac (farine de manioc délayée dans un peu d'eau), fut absorbé avec célérité, puis nous partîmes.

Un mot encore. Le lecteur français s'étonnera peut-être, en me voyant les bras croisés, pendant qu'une femme et un enfant s'escriment pour me conduire.

Je répondrai à cette objection naturelle, qu'en Guyane les dames pagayent avec autant de facilité que les hommes, pendant sept et huit heures; qu'elles sont rompues à cette exercice depuis l'enfance, et qu'il leur est aussi familier que le maniement de l'aiguille aux Européennes.

Je n'ai donc aucun péché de lèse-galanterie à me reprocher.

Isaba commence à chanter. Je mets en ordre mes notes pour le *Journal des Voyages*, tout en brûlant une incommensurable quantité de cigarettes.

La voix de la chanteuse n'est pas sans charme. Elle est juste, sonore, et rythme harmonieusement le mouvement de la pagaie.

C'est une vieille mélopée bonie.

    Iah!... iah!... iah!... ah... ah!...
    Kom, kom, a mi boto, baya
    (Viens dans mon bateau, frère)
    Ié!... ié!... ié!... é... é...

Kom a mi boto, baya...
Yo!... yo... o... o...

La dernière syllabe se perd dans un trémolo d'une longueur qui doit vider jusqu'à complet épuisement les poumons de la virtuose.

Après cette courtoise invitation adressée au *baya* (frère), c'est le tour du *data* (père), du *bota* (beau-frère), puis la famille, les proches, les amis... bref, tout le monde y passe.

Cela dure une heure et devient assommant à la longue.

C'est maintenant le tour d'Amérikan. Il a une belle voix, très douce, et pourtant très étendue.

Yo!... yo!... yo!... o .. o...
Mi na ouani Gadou komba
(Je n'ai pas besoin Dieu venir)
Yo!... yo!... yo!... o... o....
Mi sissa, mi na ouani Gadou komba.
(Ma sœur, etc...)

Puis le père, la mère, et ainsi de suite jusqu'à siccité de la bouche.

Vous pensez peut-être que cela va finir. Je l'espérais aussi, mais vainement. Les voici complètement ivres de musique. Ils dédaignent bientôt les vieilles romances, et improvisent d'interminables chansons où il est question de moi, de ma carabine Wetterli à sept coups, qui contient : « Li balles trop beaucoup. »

Li balles trop beaucoup...
Li balles!... Li balles!... li baaaaalles!...

Je vais revoir ma famille, mes amis.

Va voué so madame...
Va voué so madame... aaaaammme!...

Tout cela, entremêlé de yo!... yo!... de yé... yé... et de ya... ya... à n'en plus finir.

Une diversion s'offre enfin, sous la forme d'un magnifique canard-plongeur qui traverse le fleuve à tire-d'aile et vient passer à soixante mètres de nous. Je l'abats d'un coup de mon chokebore-Greener, calibre douze, qui porte une charge de près de six grammes de poudre anglaise.

L'énorme détonation arrête tout net leur « yo!... » Ce coup au vol a stupéfié Amérikan, grand chasseur devant « Gadou » le dieu des Bonis, mais qui ne peut concevoir que le tir au posé.

Mon fusil à platine rebondissante, à percussion centrale, l'intrigue beaucoup. Il a vu des cartouches Lefaucheux à broche et il ne peut s'expliquer l'absence de cette tige de cuivre qu'il appelle « pitit bagage. »

Il a déjà oublié la musique. Tant mieux. Curieux comme un véritable enfant de la nature, il m'adresse une série de questions auxquelles je suis heureux de répondre. J'aime mieux cela que ses ritournelles.

Il parle, fort heureusement, le patois créole, que ses compatriotes ont jadis appris des esclaves fugitifs, et dont l'usage se conserve chez les Bonis et quelques-uns des Poligoudoux.

Il me demande alors pourquoi le *Gran-Man* (grand chef) de France m'a envoyé ici?... Paris est-il grand?... Combien faudrait-il de *journées de canotage pour en faire le tour?*... Les blancs ont-ils tous de la barbe? Les femmes portent-elles des calimbés?

Je stupéfie positivement le pauvre diable en lui racontant que les *carbets* (1) en Europe sont bâtis avec des roches, qu'on appelle cela des maisons, qu'on en superpose jusqu'à six, et qu'une seule peut être habitée par cent personnes.

— ... Mi maman !... s'écrie-t-il. Mi dédé... caba !...

« Oh ! ma mère !... je suis mort déjà ! »

C'est la formule de l'étonnement poussé jusqu'à la stupeur.

Certaines idées sont très difficiles à éveiller en lui, celle du froid par exemple. Il ne peut comprendre qu'à une certaine époque de l'année, correspondant à la saison des pluies, l'eau se dur-

---

(1) Cabanes indiennes. Voir les *Robinsons de la Guyane*. 1 vol. in-8° illustré, 7, rue du Croissant, Paris. — Librairie illustrée.

cisse à un tel point que les hommes puissent marcher dessus.

Puis, s'interrompt et appelle doucement :

— Isaba !...

— Hein !... hein !... répond celle-ci.

Comme elle ne comprend pas mon langage, panaché de boni, de français et de créole, il lui traduit les choses étranges que je viens de raconter. La pauvre femme est stupéfaite à son tour.

— *Çà blancs-là... li c'été massa Gadou.* (Ces blancs-là sont des messieurs bon Dieu.)

Amérikan me parle d'Apatou, le noir du docteur Crevaux. Apatou est bien longtemps à revenir : *Li pas là pou flécher koumarou... Vié maman li, gagné faim !... femme li, gagné faim... petits mouns li gagné faim. Li pas là pou planté manioc... li pas la pou baïé carbet... ça pas bon trop beaucoup !...* (Il n'est pas là pour flécher le koumarou. Sa vieille mère, sa femme et ses petits enfants ont eu faim. Il n'est pas là pour planter le manioc, pour leur donner un carbet... ça, c'est très méchant.)

Je lui fais grand plaisir, en lui disant que j'ai vu Apatou et qu'il reviendra chez les Bonis avant un an.

Vient ensuite le tour du docteur Crevaux (1).

(1) J'avais en effet opéré la traversée de Saint-Nazaire à la Martinique avec l'infortuné voyageur qui devait, peu de temps après, trouver une mort horrible chez les Indiens riverains de Pilcomayo.    L. B.

Mon Boni a appris que le voyageur français avait dit que les nègres du Maroni mangeaient les serpents.

Il s'en défend avec énergie.

— *Çà pas vrai, mouché. Çà mouché blanc là, palé mento à so popyra !* (Ça n'est pas vrai, monsieur. Ce monsieur blanc-là a dit un mensonge sur son papier).

— Mais qui t'a dit cela ?

— *Ça, mouché Cazalo !*

— Tu connais M. Cazals ?

— *Ça même. Mo content li. La compé mo.* (C'est ça. Je l'aime beaucoup. C'est mon compère).

— Eh bien, que veux-tu que j'y fasse ? Je n'en sais rien, n'ayant encore pas lu le « papyra » de mouché Crevaux.

— *Mouché, ou bon moun. Ou disé papyra ou, neg, pas mangé mama-boma.* (Monsieur, vous êtes un brave homme. Dites-moi donc sur votre papier que les nègres ne mangent pas de la maman-couleuvre.)

Je le lui promis solennellement. Vous voyez que je lui tiens parole, tout en opérant, à l'endroit de son démenti, les réserves que comporte l'autorité de l'éminent explorateur.

Les kilomètres succèdent aux kilomètres. La chaleur devient formidable. Pas un souffle dans cette fournaise. Le Maroni chauffé à blanc semble de plomb fondu.

Mon diable de nègre, tête nue, transpire comme une gargoulette, mais ne perd pas un coup de pagaie.

Bien que familiarisé depuis cinq mois avec l'incroyable somme de travail que peuvent fournir certains noirs, et leur insensibilité relativement à la radiation solaire, je suis étonné de voir mon homme rester ainsi exposé au soleil, garanti seulement par sa tignasse laineuse.

Je lui en fais la réflexion.

— Oh! dit-il en riant largement, *Calebasse mo li plis dur passé roche !* (Oh! ma calebasse (tête) est plus dure que la roche.)

Le petit Quassiba s'endormait. Quant à sa mère Isaba, elle fumait comme une chaudière en ébullition. Son dos, orné de la nuque à la ceinture de nombreux tatouages, se marbrait de taches blanchâtres de chlorure de sodium, tant était rapide l'évaporation.

Je fis, à part moi, la remarque que ces tatouages formaient des dessins en relief fort curieux. L'idée me vint d'en faire un croquis. Je dessinai ensuite le torse tout entier de ma batelière, puis sa tête, dont les cheveux crépus, tressés habilement, s'élevaient en rayonnant, au nombre de cinq ou six nattes et se tenaient debout, comme les pointes qui ornent le front des statues de la République.

Amérikan est ravi de me voir reproduire sur mon « papyra » la parure dont il est si fier, et qu'il n'a pas mis moins de deux ans à élaborer avec la pointe de son couteau.

Pauvre Isaba ! que de sang versé pour être belle ! Puissent ses souffrances être adoucies, en pensant que mon ami Castelli, l'habile dessinateur du *Journal des Voyages*, mettra mon croquis au point, et montrera comment on dessine sur chair, entre 5° et 6° de latitude nord.

Si les « calebasses » de mes gens sont à l'épreuve des rayons verticaux du soleil, il me semble que mon casque ne me protège plus suffisamment. J'appréhende l'insolation. Et comme l'insolation peut être foudroyante, je demande à mon conducteur, de gagner la rive, et de marcher à quelques mètres de la berge, sous les grands arbres.

Il consent, à la condition que je lui montrerai le maniement de ma carabine Wetterli, que je brûlerai quelques cartouches, et que je lui donnerai les étuis métalliques..., pour s'en fabriquer un collier.

Cette carabine faisait à la fois la joie et la terreur du Boni. Il ne me la voyait jamais charger, et elle était toujours prête à faire feu. Il l'entourait de soins inimaginables, lui parlait, l'enveloppait, selon la coutume des gens de sa race, d'une peau de mouton-paresseux (aï, ou paresseux), afin de soustraire son mécanisme à la rosée des nuits.

Je promis tout ce qu'il voulut, et il changea aussitôt de route, en obliquant vers la rive hollandaise. J'approuvai cette direction qui me rapprochait d'un village d'indiens Arouagues, où je comptais m'arrêter, en dépit du mépris professé par Amérikan à l'endroit des Peaux-Rouges, dont il ne parlait jamais sans cracher dédaigneusement.

Nous sommes enfin à l'ombre. Je cuis toujours, car il n'y a pas un souffle d'air, mais au moins je n'ai pas à craindre l'insolation.

Isaba chantonne doucement. L'enfant sommeille. Mes yeux s'appesantissent.

..... Un effroyable cri de détresse, un de ces appels désespérés comme seule peut en pousser une mère, me fait frémir. Le canot oscille violemment. Je me lève brusquement, cherchant une arme.

Mes fusils sont engagés sous des paquets. Ma main rencontre mon sabre d'abatis.

J'entends un bruit de lianes froissées. Il me semble que l'une d'elles, grosse comme ma cuisse, se détache d'un arbre et tombe sur nous.

Une écœurante odeur de musc se répand tout à coup. Cette odeur, je la reconnais. C'est celle du serpent.

Amérikan lève sa longue pagaye. Il est trop loin. Sa femme pâlit comme pâlissent les nègres. Son visage devient gris de cendre. Le serpent, un boa énorme, s'abat comme la foudre, la tête en bas, accroché par la queue.

Il entoure l'enfant qui s'éveille, étouffé à moitié par cette terrible étreinte. Le négrillon pousse un râle, et me regarde d'un œil éteint. La gueule du monstre, rougeâtre et comme violacée, horriblement ouverte, passe sur son épaule. Elle est à un pied de ma poitrine.

Ce drame a duré deux secondes. Il faut agir. Et sans plus de réflexion, je lève mon sabre, et frappe avec une vigueur doublée par l'émotion, sur les anneaux pétrissant le pauvre petit être.

Ma lame rebondit sur les écailles du hideux reptile, mais telle est la force du coup, qu'il abandonne sa proie, et remonte au plus vite dans une touffe d'orchidées géantes où il disparaît.

Vous dire quel soupir de soulagement dégonfla ma poitrine, serait superflu. J'assis l'enfant sur mes genoux, le tâtai en tous sens et l'auscultai attentivement. Je craignais une fracture des côtes. Il n'en était rien, fort heureusement, et il ne lui restait seulement qu'une gêne dans la respiration, que d'énergiques frictions firent bientôt disparaître.

Je rassurai les parents, qui, me sachant plus expert qu'eux en matière médicale, me laissaient faire. Ils avaient repris leurs pagaies et s'éloignaient au plus vite de ce lieu maudit.

L'enfant n'avait aucun mal. C'était parfait, mais je voulais tuer le reptile.

— Amérikan, dis-je à l'homme, retourne là-bas. Je veux tuer la *boma*.

— *Oh! mouché mo pas pouvé. Gadou pas oulé...* (Ah! monsieur, je ne peux pas. Dieu ne veut pas.)

— Allons, dépêchons-nous, dis-je d'un ton qui n'admettait pas de réplique, et en glissant dans mon fusil deux cartouches, contenant chacune seize chevrotines.

— *Gadou pas oulé! mouché!* répétait-il les yeux pleins de larmes.

— Si tu n'obéis pas, je chavire ton canot, et tu ne conduiras jamais de blancs.

Cette menace produisit son effet, et deux minutes après nous étions sous l'arbre.

Le boa cherchait à se dissimuler. Se sentant poursuivi, il voulait fuir. Je l'aperçus glisser sans bruit sur une branche latérale.

J'attendis qu'il me présentât la tête, puis je fis feu. Il tomba comme un énorme paquet de linge mouillé, la tête fracassée. L'eau rejaillit en écume sanglante, il se tordit un moment et resta immobile.

Le soulever avec une pagaye, le pousser à la rive, et l'amarrer avec une liane fut pour moi l'affaire d'un moment.

Une demi-heure après, sa peau, bien roulée, était déposée dans la pirogue, en dépit des protestations du Boni, qui jeta à l'eau la pagaie souillée par le contact de la *boma*.

Le cadavre fut abandonné aux fourmis-manioc.

J'ai rapporté à Paris cette peau qui mesure près de six mètres.

Elle fait très bon effet dans mon trophée de naturaliste chasseur.

# UNE FAMILLE DE TIGRES

(ÉPISODE D'UN VOYAGE EN GUYANE)

La pirogue abordait ; le monotone clapotis des pagaies cessa.

— Voici le *dégrad* (1), me dit Cazals.

— Enfin ! ce n'est pas trop tôt, répondis-je, heureux de pouvoir sauter à terre et dégourdir mes jambes ankylosées par une immobilité de seize heures.

Pendant que nos hommes amarrent solidement le canot aux racines d'un « *panacoco* » gigantesque, nous franchissons en quelques pas le petit raidillon séparant la rive gauche du Maroni des magasins aux vivres.

Un grand nègre coiffé d'un bonnet de coton blanc, sous lequel s'épanouissait une bonne face d'ébène, accourait à notre rencontre.

(1) Débarcadère.

— Bonjour, messieurs, dit-il d'une voix sonore, en roulant ses gros yeux de porcelaine, pendant que sa large bouche, hérissée d'une double palissade d'ivoire, s'ouvrait jusqu'aux oreilles.

C'était le magasinier.

— Bonjour, Quémond, répondit Cazals. Quoi de nouveau ?

— Tout va bien, monsieur... oui, très bien. Sauf pourtant que les charpentiers qui travaillent à la construction du magasin sont *marrons* depuis deux jours... Il y a aussi quatre Chinois de malades... puis une douzaine qui ne veulent pas travailler... Le coolie Growodo est couché... Apawo l'a assommé d'un coup de bâton. Janvier et Guillobo ont la fièvre et...

— Et vous trouvez que tout va bien ? interrompit Cazals. Vous n'êtes pas difficile. Ce sont tous paresseux, et vous Quémond, qui êtes chargé de la surveillance, vous êtes plus *gnagnamolle* (2) que tous ces clampins.

« Venez avec moi, continua mon compagnon, vous allez voir comme tout cela va marcher avant un quart d'heure. »

Il était onze heures du matin. Une chaleur infernale régnait sur le vaste emplacement défriché où s'élevaient les cases servant de magasins pour les vivres et d'abri aux convoyeurs. Je cuisais littéralement sous mon salacco. Il me semblait ha-

---

(2) Expression créole signifiant « propre à rien »

biter une verrerie. Le moindre mouvement me transformait en éponge. Quant à Cazals, ce diable d'homme aussi frais, aussi dispos, aussi alerte qu'au départ, évoluait dans cette fournaise comme une véritable salamandre.

Je le suivis pourtant et nous pénétrâmes dans la grande case occupée par les malades et les paresseux, allongés pêle-mêle sur les hamacs.

— Il paraît qu'on ne veut pas travailler? demanda-t-il de sa voix calme aux intonations métalliques.

O prodige! à cet accent bien connu, les fiévreux, les blessés, ceux qui refusaient le travail, tous enfin, sursautent, déguerpissent de leurs couches et arrivent se ranger devant le maître. Pas un ne cherche à se dissimuler. C'est qu'ils savent bien que Cazals n'entend pas la plaisanterie. S'il ne regarde pas à une gratification, ni à une double ration, ni à un bon coup de *sec*, on sait qu'il est intraitable sur le chapitre de la discipline. Il remplit scrupuleusement ses engagements vis-à-vis des travailleurs, mais il exige la réciprocité.

Il n'est pas besoin d'un long examen pour s'apercevoir que tous ces particuliers-là sont, passez-moi l'expression, d'abominables carottiers. Sauf un seul pourtant, le coolie assommé par son compatriote. Les charpentiers, ivres-morts, cuvent leur tafia, moelleusement allongés sur une litière de bardeaux en wapa. Les bardeaux sont, pour que nul n'en ignore, des planchettes de bois, de la grandeur des tuiles, dont elles tiennent lieu pour couvrir les maisons.

Le maître a tout vu, le maître a parlé. Tout rentre dans l'ordre. On n'entend ni un cri ni une plainte, et la clairière où s'élèvent les bâtiments servant à l'approvisionnement du placer Hermina, présente bientôt l'aspect affairé d'une ruche en travail.

— Nous partons demain au jour, termine Cazals. Que chacun soit prêt avec sa charge. Je ne veux pas de traînards. Quant à toi, Apawo, tu porteras la charge de Growodo, tu toucheras double paye, et tu en donneras la moitié à ton camarade.

Puis, se tournant vers moi :

— Et maintenant, allons déjeuner.

Pendant ce temps Quémond n'était pas resté inactif. Il avait, aidé du noir Morgan, que Cazals avait spécialement affecté à mon service, dressé sur une large caisse servant de table, un plantureux déjeuner, composé de conserves alimentaires, de riz, de poissons secs, et d'œufs d'iguanes.

Pendant que nous faisions honneur à ce festin, auquel ne manquaient, hélas! que le pain et la viande fraîche, Cazals me donnait les renseignements suivants :

— Le placer que j'exploite avec mes associés, MM. Labourdette et Isnard, se trouve à vingt-cinq kilomètres du Maroni, au beau milieu de la forêt vierge. Nous occupons deux cents ouvriers qui récoltent en moyenne vingt kilos d'or par mois. La route qui y conduit est coupée de plus de vingt criques, barrée par treize collines et terminée par un vaste marais. Pour assurer la subsistance de nos hommes, nous sommes obligés de tirer de Cayenne toutes nos provisions, que le vapeur *Dieu-Merci* amène en trois jours à Saint-Laurent. De Saint-Laurent au magasin, il faut deux jours à nos canots pesamment chargés.

« Ce n'est pas tout. Le plus difficile reste à faire. Le transport des vivres, du dégrad au placer, ne peut s'opérer qu'à dos d'homme et par charges de vingt-cinq kilos, le poids réglementaire imposé par le gouvernement colonial. Quarante charroyeurs sont occupés à passer chaque jour ces denrées, par des chemins à faire reculer des chèvres. Vous en jugerez vous-même demain.

» Au treizième kilomètre se trouve une clairière, où nous avons bâti un carbet servant également d'entrepôt. On l'appelle pour cette raison le *Carbet-du-Milieu*. Les convoyeurs du dégrad y portent leur charge, que d'autres viennent chercher du placer, de façon à faire toujours la navette.

— Mais, hasardai-je un peu à l'aventure, vos hommes n'ont en somme à porter pendant treize kilomètres qu'un fardeau pesant vingt-cinq kilos, puis ils reviennent à vide, si j'ai bien compris.

— Parfaitement. Et vous dites ?

— Qu'il n'y a rien d'exorbitant à cela, étant

donné que le sac du soldat en campagne pèse trente ou trente-cinq kilos et plus, et que nos troupiers, vous tout le premier, ont fait bien d'autres étapes.

— Sans doute, mais il faut tenir compte de la température et des difficultés de la route.

— D'accord... Et le soleil d'Afrique !... Et les montagnes de l'Aurès, etc. D'autant plus que vous donnez à vos Chinois quatre francs, plus la nourriture, et j'en souhaite une pareille à nos soldats, qui touchent un sou et le rata, quand l'intendance ne l'oublie pas.

— Vous avez raison, mais c'est ainsi que cela se pratique ici.

Après une bonne nuit, passée en plein air dans nos hamacs, un coup de trompe nous éveille au jour. Nous partons pour le Carbet-du-Milieu sans autre incident que la présence d'un scorpion dans une de mes bottes. Mais, comme l'on ne se chausse jamais sans une perquisition préalable, l'arachnide paye de sa vie sa trop grande indiscrétion.

La clairière présente un aspect vraiment original. Les sacs goudronnés contenant le couac (farine de manioc) ou le lard salé, ainsi que les dames-jeannes de tafia, ont été ficelés puis cachetés, et pour cause. Les boîtes à saindoux, les caisses à biscuits, les conserves alimentaires, les outils, les clous, les cordages, que sais-je encore, répartis en paquets de vingt-cinq kilos, sautent du plateau de la balance manœuvrée par Quémond, sur la tête de chacun des charroyeurs. On verse le coup de l'étrier, et le convoi se met lentement en marche en file indienne, et suit le sentier large de soixante centimètres, pompeusement nommé route du dégrad.

Nous partons à notre tour, accompagnés de Morgan, qui porte nos hamacs avec les munitions et de deux Chinois chargés des provisions. Nous gagnons la tête de la colonne, car peut-être trouverons-nous quelque belle pièce de gibier.

A peine le soleil dore-t-il les plus hautes cimes, d'où s'envolent effarés les toucans et les perroquets, que la chaleur est déjà suffocante. Treize kilomètres, me disais-je, c'est une plaisanterie. J'en ai souvent fait soixante en France, et quarante en Afrique, nous doublerons l'étape et nous serons ce soir à Hermina.

Nous sommes vêtus à la légère, un pantalon de coutil et une chemise de toile relevée jusqu'au coude. Pour coiffure, mon salacco. Cazals porte le grand chapeau de feutre des mineurs. Pour armes, chacun un fusil et un sabre d'abatis. En dépit de la simplicité de cet équipement, nous sommes, au bout d'une demi-heure, aussi trempés de sueur que si nous sortions tout habillés d'un bain.

Mon fusil lui-même devient trop lourd ! La bretelle de cuir se racornit sur mon épaule, mes doigts glissent sur la poignée de mon sabre, dont le bois est trempé. Diable ! Cazals n'a rien exagéré. Ah ! ah ! voici la première colline. Elle n'a guère que cent mètres d'élévation, mais elle est presque à pic. Il faut l'escalader, le nez au sol, en s'accrochant aux lianes et aux troncs. Bon, voici une crique, large de quinze mètres. Pour pont, un arbre non équarri et jeté en travers. Absence complète de garde-fou. Il faut passer bon gré mal gré et sans vertige. Le moindre faux pas, un éblouissement, un oubli, et patatras, une culbute dans deux mètres d'eau glacée, au milieu d'un vilain monde de reptiles et de serpents d'eau. Allons, tout va bien.

A propos, et les charroyeurs ? Nous avons peine à nous hisser, à descendre, à escalader les troncs tombés dans le chemin, à trouer les rideaux de lianes, à conserver notre équilibre sur les ponts, comment s'en tirent nos coolies avec leurs charges ? Ils s'en tirent comme des bêtes de somme, matinées de quadrumanes. Jamais leur pied nu ne glisse, jamais leur échine ne fléchit, jamais leur tête ne tourne. C'est prodigieux !

Les criques succèdent aux criques, les montagnes aux montagnes, et la route semble s'allonger. Morgan chante à tue-tête et donne de fréquentes accolades à ma gourde. Cazals se désaltère deux ou trois fois aux criques. Je suis mon régime habituel de route, et ne bois ni café, ni eau, ni tafia, rien, au grand ébahissement de nos compagnons.

La chaleur devient plus accablante, encore, s'il est possible. Je n'ai plus le temps d'admirer l'incroyable splendeur de la végétation. Je ne m'occupe pas davantage du gibier, qui brille d'ailleurs par son absence. Toutes mes facultés se concentrent dans une seule fonction : la marche. Un silence étouffé nous entoure. Des oiseaux se taisent sous les feuilles calcinées; seul, l'oiseau-moqueur nous assourdit de son glapissement. C'est monotone et énervant. De temps en temps un coup de sifflet strident déchire cet air trop lourd ; on dirait une locomotive. C'est, me dit Cazals, un petit lézard tapi dans les branches. Ce sifflet alterne avec un bruit bizarre comparable à la sonnerie d'une pendule dite œil-de-bœuf : ding ! ding ! ding ! Une douzaine de coups bien espacés se font entendre, puis, comme si le ressort de la sonnerie se détraquait tout à coup, les ding ! ding ! se précipitent, le rythme s'affole, la pendule bat la breloque, puis tout rentre dans le silence.

Je tiens la tête de la colonne en cas d'une rencontre avec un gibier qui se fait bien attendre. Un petit serpent, long de soixante centimètres, rouge comme une branche de corail, traverse le sentier à dix pas. Je le coupe en deux d'un coup de fusil. C'est une tradition. Au bruit de la détonation, un grand oiseau s'enlève sans bruit à travers les arbres. Je l'aperçois une seconde patauger au milieu d'une bande de lumière. Second coup de feu et explosion de joie de Morgan, qui s'élance à travers broussailles et me rapporte un splendide butor-honoré.

Enfin ! Cette exclamation m'est arrachée moitié par la joie que me procure ce beau coup de fusil, moitié par la vue d'une clairière coupée en biais par un ruisseau, au bord duquel se dresse un joli carbet émérillon.

Nous sommes arrivés !

Un coolie de Madras, nommé Georges, préposé à la garde de l'entrepôt, vient nous recevoir. Il est ravi de la venue de Cazals, auquel il est particulièrement dévoué.

Les convoyeurs du dégrad arrivent. Ceux du placer sont depuis longtemps au Carbet-du-Milieu. Le repas est pris en commun, puis les deux troupes se séparent. Celle qui est venue à vide s'en va chargée, et réciproquement. Puis nous restons seuls avec Georges, Morgan, nos deux Chinois, plus un troisième qui s'est blessé au pied.

Georges nous prend à part, Cazals et moi, pour nous conter ses doléances. Le pauvre garçon passe depuis trois mois toutes ses nuits complètement seul, dans ce lieu désert, séparé de quatorze kilomètres de toute habitation.

— Ah çà ! est-ce que tu aurais peur ?

— Non, je n'ai pas peur... C'est-à-dire, si j'ai peur maintenant.

— Et pourquoi ?

— C'est que chaque nuit, deux tigres (1) vien-

---

(1) Les créoles guyanais donnent indistinctement le nom de *tigre* à tous les félins, puma, jaguar, ocelot ou léopard. Ces fauves évitent l'approche de l'homme, et on leur a fait une réputation bien imméritée de courage et de férocité.

nent me rendre visite. Ils grondent pendant une heure ou deux, puis, ils arrivent à vingt pas du carbet, me regardant avec leurs yeux de feu et restent là, accroupis comme s'ils allaient se jeter sur moi.

— Des tigres, m'écriai-je, tu veux dire des jaguars. N'importe, c'est une bonne fortune pour nous. Nous allons t'en débarrasser.

— Mais, voyons, reprit Cazals, est-ce que tu ne pouvais pas leur envoyer quelques coups de fusil ?

— J'ai tiré dernièrement sur l'un d'eux, il venait de me voler une boîte de saindoux. Mais comme je n'avais que du plomb, ça lui a produit autant d'effet qu'un coup de fouet.

« Tenez, voyez plutôt, j'ai conservé la boîte. »

L'enveloppe de fer-blanc portait en effet quatre empreintes de crocs de belle taille, qui l'avaient perforée comme la pointe d'un pic.

— Pour comble de malheur, ajouta Georges, je n'ai plus que deux cartouches, chargées avec du plomb. Je n'ai pas tiré depuis trois jours, et maintenant ils n'ont plus peur ni du feu, ni des cris que je pousse pour les éloigner.

— Eh bien, dis-je à mon tour, tranquillise-toi, mon brave Georges, nous en avons, nous, des cartouches, et de première qualité. Nous verrons ce soir.

Ils attaquent seulement les animaux, et ne sont dangereux pour le chasseur que s'ils sont blessés.

L. B.

— Ils sont capables de ne pas venir, sachant que vous êtes des blancs. Ils n'ont pas peur de nous, mais les blancs les épouvantent !

— Nous verrons bien, lui dis-je.

Un peu avant le coucher du soleil, nous installons, Cazals et moi, nos hamacs côte à côte au milieu de la clairière, et l'on allume un petit feu, sur lequel on fait chauffer un peu de saindoux. Deux boîtes sont ouvertes et déposées à chacune des extrémités de la clairière. Nous faisons coucher nos hommes sous le carbet, nous apprêtons nos armes et nous nous allongeons à notre tour dans nos hamacs.

Je suis armé de mon fusil habituel, un excellent « chokebore », calibre douze, chargé de deux cartouches renfermant cinq grammes et demi de poudre mi-partie fine, mi-partie extra-fine, selon le procédé Guinard, et vingt grains de plomb moulé, de ce plomb durci appelé *Chillet-Shot*. Je préfère de beaucoup, pour l'attaque des félins, le plomb à la balle franche.

Tel n'est pas l'avis de Cazals. Aussi, lui ai-je donné, pour la circonstance, ma petite carabine Wetterli-Guinard, à balle cylindro-ogivale de onze millimètres, qui, indépendamment de la cartouche métallique contenue dans le tonnerre, renferme dans un tube spécial, placé dans la monture, six autres cartouches, qu'un ressort à boudin pousse automatiquement.

C'est une arme parfaite que je préfère même à

la carabine Winchester. Je l'avais emportée pour chasser le patira et le cochon marron, à cause de sa grande justesse et de son incroyable force de pénétration. J'ai eu lieu d'en être amplement satisfait.

A sept heures, la lune projette sur la clairière une lumière blanche d'une singulière intensité dont l'éclat rappelle les bougies Jablockoff. Il nous semble habiter le fonds d'un puits immense, dont les parois sont formées par les troncs des arbres géants. Au loin, les singes-hurleurs font entendre leur sérénade. Les hérons-butors et les crapauds-bœufs leur répondent. Près de nous, tout se tait. Les Chinois dorment comme des bienheureux. Seul, mon poltron de Morgan tremble et claque des dents.

Une heure, deux heures se passent, et je n'entends que le tic-tac de ma montre accrochée aux rabans de mon hamac. Je voudrais bien fumer une cigarette ! Mais ce bourreau de Cazals s'y oppose énergiquement. Je trouve le temps horriblement long. Puis, honteux de mon impatience, je me rappelle que Pertuiset a passé jadis près de cent nuits pour tuer un lion. Ce souvenir donné à l'intrépide chasseur me rend presque confus. Que d'embarras, pour tuer un jaguar, un vulgaire matou, en somme, comparé au géant noir de l'Aurès!

Georges sort lentement du carbet, attise le feu, et fait crépiter dans une poêle une poignée de saindoux. Une odeur de crêpe se répand dans l'atmosphère. Georges a donné à ses bêtes des goûts bizarres. Je ris malgré moi de ce rapprochement : des jaguars... des crêpes !

— Ne riez donc pas, siffle Cazals impatienté. Nous allons faire « chou-blanc ». « Chut ! les voici.

C'est vrai. On entend comme un petit bruit de branches froissées, puis, un souffle ardent, rauque, inquiet. Les animaux sont toujours invisibles. Mais les ronflements se déplacent. Les prudents félins font plusieurs fois le tour de l'enceinte. Cette promenade circulaire dure au moins une heure. Nous sommes immobiles comme des statues. Les seuls bruits perceptibles sont le tic-tac de ma montre, le claquement des dents de Morgan, dont les mâchoires semblent des castagnettes, et le ronflement camard d'un Chinois. Ce bonhomme de pain d'épice, abrupti d'opium, habite le pays des rêves, mais l'anche de la clarinette qu'il semble avoir dans le nez produit un couac bien désagréable.

Nos yeux fatigués, tiraillés par les efforts que nous faisons pour fouiller les ténèbres du sous-bois, ne distinguent plus rien. Ce n'est pas le moment de jouer les Bélisaire. Machinalement, et comme obéissant à une muette inspiration, nous abaissons nos paupières pendant une demi-minute.

Rien encore. Pourtant, le bruit se rapproche. Cela sent si bon, le saindoux du coolie Georges !

Ah ! enfin, je distingue vaguement comme une grosse tache noire qui rampe, à vingt mètres, au ras des premiers troncs. Il me semble que mon cœur bat un peu plus fort. Pourquoi ne pas en convenir ? Je sens une légère moiteur au creux de la main droite qui serre la couche de la crosse.

Il faut attendre. Je ne distingue pas suffisamment l'animal. J'ai oublié de dire, que nous nous tournons le dos, Cazals et moi. Il regarde la partie Est, moi la partie Ouest. Disposition excellente, comme on va le voir dans quelques minutes.

Un imperceptible frôlement de mon arme, sur le tissu de coton du hamac, parvient aux oreilles de mon animal. Il s'arrête. Je l'entends pétrir la terre sèche sous ses ongles. J'épaule en cherchant le guidon. Le félin pousse un cri bref, guttural, et tourne la tête de mon côté. Ses deux yeux semblent trouer de leur phosporescence la ligne noire des arbres.

J'abaisse doucement la détente. Une détonation formidable retentit, une lueur aveuglante embrase la clairière, un nuage opaque de fumée flotte lourdement. Je ne vois plus rien. Les Chinois s'éveillent en piaulant comme un vol de perroquets.

Puis, j'entends la voix de Georges qui crie à briser son gosier de bronze :

— Il est mort... Tous les deux.

— Comment, tous les deux, dit Cazals dont la carabine fume encore, est-ce que vous avez tiré ?

— Oui, et vous ?

— Moi aussi.

— Pas possible.

— C'est si bien possible, que ma bête gigote à deux mètres du feu.

— Mais la mienne est restée là étalée sur sa boîte de saindoux.

— Bravo ! Les deux coups n'en on fait qu'un.

— ... Et les deux jaguars sont morts !

Nous attendîmes le jour avant de quitter nos hamacs. La plus élémentaire prudence l'ordonnait.

Ma foi, c'est bien vrai. La balle de Cazals, pénétrant dans l'œil droit de la femelle, s'était faufilée le long de la colonne vertébrale et était sortie au flanc gauche. La mort avait été foudroyante. Quant au mâle, ma charge de chevrotines lui avait enlevé la moitié de la tête. Il était tombé comme une masse.

Ce n'étaient pas, comme nous le pensions d'abord, des jaguars, mais des *ocelots*, qui sont non moins féroces, à l'endroit des animaux, s'entend, mais de plus petite taille. Le mâle, un peu plus grand que la femelle, mesurait un mètre soixante-quinze centimètres, y compris la queue, longue seulement de quarante-cinq centimètres.

Pendant que nous sommes occupés à dépouiller ces superbes animaux, on entend sous bois des cris aigus.

Inquiets, nous sautons sur nos armes, les branches s'écartent, et qu'apercevons-nous ?

Ce poltron de Morgan, qui apporte triomphalement un pauvre petit ocelot, l'enfant de nos victimes, de la grosseur d'un chat. Il lui a fendu la tête d'un coup de sabre, et le tient par la queue, en l'accablant d'injures.

— Georges, s'écrie-t-il, tu n'auras plus peur ! Nous avons tué les tigres.

# LE BAROMÈTRE

(AVENTURE DANS LE SUD-OUEST DE L'AFRIQUE)

Accoudé au marbre de la cheminée du salon de notre ami R... dans la pose favorite du narrateur, le docteur Max prit la parole en ces termes:

J'étais, au mois d'avril 1884, à l'embouchure du Zambèze, dans la rade du Quillimané, en qualité de second chirurgien, à bord du croiseur *Magellan*.

J'avais la perspective de trois mois de croisière pour empêcher la traite, qui, quoi qu'on fasse, est toujours fort active dans le sud-ouest de l'Afrique. L'état sanitaire de l'équipage réduisant mes fonctions à l'état de sinécure, notre commandant se fit un plaisir de m'accorder un congé pour faire un voyage dans l'intérieur.

Me voici donc parti avec une douzaine de noirs

portant deux valises, contenant l'une des effets à mon usage, l'autre des instruments de physique indispensables à tout explorateur : sextant, baromètre, boussole, chronomètre, thermomètre, etc. J'étais en outre armé de trois excellents fusils, car, tout en mesurant l'angle facial d'un nègre ou bien en prenant des altitudes, je comptais, le cas échéant, envoyer à un éléphant ou à un hippopotame une balle de cinq à la livre, poussée par vingt grammes de poudre fine.

J'avais heureusement dépassé Senna, colonie portugaise en pleine décrépitude; je remontais vers le lac Nyassa-des-Maravis et tout me promettait un heureux voyage, quand, un beau matin, sans provocation aucune, nous fûmes environnés d'une troupe d'abominables coquins, noirs et huileux, grimaçant, gesticulant, ouvrant des gueules de crocodiles, grinçant des dents comme des mandrilles, qui, en vertu du droit du plus fort, s'emparèrent de nos personnes et de nos bagages et m'emmenèrent à la ville avec mes gardes de corps.

J'ait tant éprouvé de vicissitudes dans le cours de mon existence de Juif-errant médical, que j'étais encore plus curieux qu'inquiet. Mais, quand je vivrais trois âges d'homme, comme le vertueux Nestor, jamais je n'oublierai l'ahurissement dans lequel me plongea le spectacle inattendu qui s'offrit à mes regards.

Notre groupe venait de s'arrêter devant une case

de belle apparence, quand soudain, je vis une forme humaine, vêtue de calicot blanc, sortir de la case comme un tourbillon, et j'entendis une voix féminine s'écrier avec l'intraduisible accent de nos faubourgs :

— Qué qu'c'est qu'une vie comme ça !

« Voulez-vous me f... iche le camp à la niche, tas de mal blanchis !

« Allons ! au trot !... et plus vite que ça !

J'ignore si les « mal blanchis » comprirent ce français de pacotille, mais la vue de cette femme qui tombait au milieu d'eux comme un aérolithe, les fit reculer. De plus, la pantomime qui accompagna la phrase, fut ponctuée d'une si effroyable série de coup de chambock, distribués avec une telle surabondance, qu'elle fut vite à la portée de leur intelligence, et ils s'éparpillèrent comme une nuée de singes après le pillage d'un champ de canne à sucre.

Arrondissant avec grâce un superbe salut de théâtre, ma libératrice me prit familièrement le bras, tout en brandissant de l'autre main sa formidable lanière de peau de rhinocéros, et me dit :

— Faites pas attention, je ne peux rien tirer de ces gueux-là... ça n'a pas plus de manières qu'au premier jour, et il y a deux ans passés que je leur z'y fais leur éducation.

— Madame, répliquai-je, en m'inclinant gravement, il me semble que les arguments employés par vous sont pourtant de nature à assouplir les plus rebelles.

— Ah! ben oui, autant vaudrait faire chanter l'opérette aux crocodiles du lac!

» Mais vous êtes un blanc, et on n'en voit pas des flottes dans la localité.

De plus, vous me paraissez bon garçon et vous n'avez pas l'air d'un marchand d'esclaves... hein?...

» Ça, n'en faut pas ici.

» Venez donc à la boîte! c'est pas cossu, mais on y est toujours mieux qu'ici.

Très violemment intrigué, je l'avoue, j'acceptai l'offre de ma libératrice dont la petite frimousse pointue et chafouine vous était d'un Bellevillois!

Et j'appris, séance tenante, avant d'avoir pu placer un mot, par quel phénomène l'aimable Virginie Chamoiseau, née à Paris, en 1859, Chaussée Ménilmontant, se trouvait, en l'an de grâce 1884, entre l'Equateur et le Tropique du Capricorne, occupée à évangéliser, à grands coups de chambock les Maravis de la région.

Maltraitée par mademoiselle sa mère, parce qu'elle refusait d'obtempérer aux sollicitations d'un monsieur mûr, confit d'intentions généreuses, mais décidément trop répugnant, elle s'enfuit, mangea de la misère avec son petit ami Alphonse, qui la lança... vous comprenez!

Après avoir connu les hauts et les bas de la vie... disons galante, et pérégriné du noyer au palissandre, elle conçut l'idée grandiose de se consacrer à l'art! Grâce à de hautes influences, elle débuta au concert Tivoli, et offrit aux habitués un maigre filet de voix qu'elle tonifiait avec force artichauts à l'huile additionnés de fromage d'Italie, et... n'obtint aucun succès à Paris.

Désirant tâter de ce qu'elle appelait « la province », elle vendit les quelques débris d'un luxe éphémère et débarqua au Caire où elle fit un four lamentable.

De nouvelles tentatives pour lasser la fortune n'eurent pas plus de résultat.

Elle s'embarqua, en désespoir de cause, sur un bâtiment marchand en partance pour les Indes, fit naufrage à Dourdoura, fut recueillie sur un bateau monté par un émissaire du Négus d'Abyssinie, qui venait, à l'embouchure du Zambèze, faire un chargement de nègres.

Elle débarqua donc à Quillimané, possédant pour toute fortune une ombrelle gris-perle à franges, un nécessaire de voyage et une paire de bottines mordorées à talons Louis XV. Recueillie et emmenée par des naturels qui apportaient de l'ivoire à la côte, je la trouvais présentement épouse de la main gauche de Koutloklo, chef des Maravis, à l'appartement duquel nous frappions au moment où finissait le récit de son odyssée.

Un sourd grognement accueille notre entrée.

— Allons, mon chien chéri, fit mon introductrice, un peu de patience, je t'amène un pays!...

« Que je suis bête! il ne me comprend pas. »

Et vite une phrase impossible, mélange hétéroclite de sabir, de français et de maravi qui paraît ravir le chien chéri et calmer son humeur de dogue.

Il est bon de vous dire que le bimane auquel s'adressaient ces tendres épithètes est bien le plus abominable moricaud de tous les pays ensoleillés où s'épanouit la superbe race africaine : maigre, efflanqué, le cou raboteux, les épaules tombantes, la peau couleur de suie, la tête à peine couverte d'une sorte de duvet laineux, la face ravagée par une lèpre hideuse ; bref, un monstre.

— Il n'est pas joli, joli, mon homme, hein?

» Il est bien malade, allez, le pauv' chien…

» Malheureusement, ça manque de médecins, ici.

— Mais, je suis docteur en médecine de la faculté de Paris !

— Vous!… veine alors !

« Mais, mon Loulou est sauvé.

— Ne nous emballons pas, ma chère enfant !

« La lèpre, voyez-vous, est malheureusement incurable, du moins, par nos procédés.

— Mais c'est pas la lèpre, qu'il a.

— Ah ! bah… quoi donc alors ?

— Dame !… c'est qu'il a rudement polissonné, dans des temps, à ce qu'il paraît…

— Suffit ! j'ai compris.

« A propos, vous jouez de bonheur, m'écriai-je pris soudain d'une idée lumineuse autant qu'originale ; j'ai là tout ce qu'il faut, pourvu que ces brutes n'aient rien brisé dans mes caisses.

Je procédai tout de suite à l'ouverture de celle qui contenait mes appareils, et je constatai avec bonheur que tout était en bon état.

Je saisis mon unique baromètre, ouvrage admirable de l'ingénieur Ducray-Chevalier, et qui me servait à prendre mes altitudes. J'en brisai héroïquement le tube, et je versai le mercure qu'il contenait dans un vase de terre, où je le triturai longuement et soigneusement avec de la graisse d'hippopotame.

Je possédai bientôt une superbe pommade, dosée rigoureusement *secundum artem*, dont je frictionnai la plante des pieds et la paume des mains du patient.

Je prescrivis un régime *ad hoc*, et me retirai plein de confiance. Je répétai la même manœuvre pendant un certain temps, et une amélioration sensible se manifesta rapidement.

Enfin le mieux s'accrut de jour en jour, et si, usant du privilège du narrateur, je vous fais franchir un espace de six semaines, nous trouvons Koutloklo attablé, ou plutôt accroupi devant un rognon de rhinocéros qu'il engloutit avec la voracité d'un cannibale.

Mon baromètre a fait merveille, n'en déplaise à l'ombre vénérable de Toricelli.

— Mon royal malade est gras comme un marsouin, luisant comme une botte vernie et gai comme un blesbuck. Tout en reconnaissant que je suis le premier médecin du monde, il ne peut comprendre comment la petite friandise que j'ai tirée de ce tube de verre a pu le guérir si vite et si bien.

Il tourne et retourne le baromètre, veuf de sa colonne liquide, et m'en propose finalement l'échange contre douze défenses d'éléphant. Je le lui offre généreusement. Sa joie est délirante. Il l'élève au-dessus de sa tête comme un idole, appelle à grands cris tous les siens, et ils s'en vont, musique en tête, brandissant leurs armes, l'accrocher au tronc d'un baobab énorme, situé au milieu de la ville. Je crois qu'on en a fait un dieu.

Les offrandes abondent, les calebasses pleines de bière de sorgho sont rangées au pied de l'arbre, les chants commencent, les danses leur succèdent, on boit à la ronde, et je distingue avec stupeur au milieu des cris assourdissants de ces noirs pochards, des mots français rhythmés d'une façon bizarre et accompagnés d'une musique macabre.

J'en suis comme pétrifié.

Son altesse, madame Koutloklo, toujours complaisante, me donne la clef du mystère. Son époux attribuant une vertu magique aux caractères gravés sur la plaque de cuivre du baromètre l'avait priée de les lui lire.

C'était l'adresse du fabricant.

Elle lui serina ces mots à satiété pendant quinze

jours ; il les répéta comme un perroquet, et les fit apprendre à ses meilleurs chanteurs que sa moitié dirigeait en qualité de chef d'orchestre.

Voilà comment le baromètre devint un dieu chez les Maravis.

Quant à la prière qu'ils lui adressent, je regrette de n'avoir pu en noter la musique, mais je puis au moins, avec les paroles, vous donner une idée du rhythme. Voici l'étrange refrain que tous beuglent à pleins poumons, et qui dans mille ans pourra faire écrire bien des volumes sur l'origine des cultes :

L'In...gé...nieur.,.Du...cray..,Che..,va...lier...Paris

# LA PEINE DU TALION

(ÉPISODE D'UN VOYAGE EN GUYANE)

Nous étions devenus de forts bons amis, Taïropou et moi. Notre liaison datait à peine de huit jours, et le digne Peau-Rouge ne jurait que par son « *compé* » le « *piaye* » (médecin) blanc. J'entretenais de mon mieux cette amitié équatoriale par le procédé usité dans tous les pays du monde, celui des petits cadeaux. Colliers de perles, verroteries, couteaux de treize sous, cotonnades, tels avaient été primitivement les multiples éléments de notre camaraderie. Puis, comme j'avais donné beaucoup et sans marchander, comme j'avais autorisé de fréquents contacts entre les lèvres de Taïropou et la bouche de certaine dame-jeanne pleine de tafia et que la fécondité de cette dernière semblait inépuisable, Taïropou ne me marchandait ni les protestations ni les visites.

Je dois pourtant ajouter, en historien consciencieux, que le brave homme n'arrivait jamais les mains vides à mon carbet. Tantôt il m'apportait quelque belle flèche à triple dard pour la pêche au koumarou, tantôt une superbe pagaie en *yaruri* (bois à rames) ornée de dessins fort curieux au suc de *génipa;* un autre jour, c'était un grand arc en bois de *lettre,* luisant poli, finement raboté avec une mâchoire de patira, ou bien encore un *pagara* (panier indien) tressé en *arouma,* des diadèmes, des calimbés en plumes d'ara, de toucan, ou de maraye, enfin des colliers en *wabé* et en *shéri-shéri,* ornés de dents de jaguar et de griffes de tamanoir.

Nous conservions, dans nos transactions, la plus entière gravité ainsi que la bonne foi la plus absolue et la réflexion qu'un spectateur désintéressé eût tout d'abord formulée en nous voyant nous précipiter sur nos bibelots réciproques eût été celle-ci : « Quel est le plus naïf et le plus avide ? L'homme à peau rouge ou l'homme à peau blanche?... » Dans tous les cas, deux sauvages, l'un par rapport à l'autre.

Le bon bout, comme on dit vulgairement, allait toujours du côté de Taïropou, mais je me consolais de la brèche faite à ma pacotille en voyant s'arrondir mon stock de bibelots indiens.

Puis, une formidable rasade de tafia terminait la transition ; c'étaient les épingles du marché, velours épinglé, comme disait feu Grassot, de la voix que l'on sait.

Je versais une bouteille de tafia dans deux couïs, nous trinquions, Taïropou vidait son vase, puis, comme j'ai l'horreur absolue de tous les alcools, il s'emparait distraitement du mien, en sablait lestement le contenu et disait :

— A to santé, compé...

Nous échangions une dernière poignée de main. Je donnais à l'Indien un paquet de tabac, et j'ajoutais invariablement,

— Voyons, Taïropou, apporte-moi le « *couïdarou* » (casse-tête). Je te donnerai ce que tu voudras. Je vais partir bientôt. Je veux absolument l'avoir.

La figure épanouie du brave garçon se rembrunissait aussitôt, puis il reprenait d'une voix basse et mystérieuse.

— To savé bé mo pas pouvé. Ça casse-tête « *couïdarou* » Yôpi... Mo ké tué li... mo pas pouvé, compé. (Tu sais bien que je ne puis pas. C'est le casse-tête de Yôpi. Je l'ai tué. Je ne peux pas, compère.)

Je n'avais pu, jusqu'alors, tirer autre chose de lui. Je tenais pourtant à cet instrument et ma convoitise s'irritait encore de cette formelle impossibilité.

Le *couïdarou* de feu Yôpi, ressemblait à tous les autres, un morceau de bois de fer long de quarante centimètres, gros comme un fort bâton à la poignée, quadrangulaire, aux arêtes vives et se terminant en une plate-forme carrée de dix centimètres de côté.

Cet engin de mort, que j'avais manié et retourné sur toutes ses faces, s'attachait par une grosse cordelette en coton, plaquée de taches rouges de roucou, peut-être de sang.

Ce casse-tête avait évidemment une légende et l'entêté Peau-Rouge, résistant à toutes mes sollicitations, confondait dans un refus formel et l'abandon de l'instrument, et le récit de l'histoire.

A part cela, le meilleur homme du monde, bon, serviable, affectueux, dévoué autant que peut l'être un chef des Arouagues de la Guyane hollandaise.

Nous étions donc les meilleurs amis en dépit de ce léger nuage qui obscurcissait, chaque jour, l'horizon de notre amitié.

Le jour du départ arriva. Le commissaire hollandais du Maroni, M. Mackintosh, un aimable créole de Surinam, en résidence à Albina, vint obligeamment me chercher avec un canot monté par une équipe de nègres Bosh.

J'invitai à dîner Taïropou et sa famille, composée de ses trois femmes, d'une dizaine d'enfants, dont un grand garçon de dix-huit ans. Nous fîmes largement honneur aux tranches de maïpouri (tapir) boucané, à l'aïmara en pimentade, aux conserves alimentaires, ainsi qu'au gigot de coata (singe noir), grillé avec sa garniture d'ignames.

Une plantureuse distribution de tafia termina

ce festin équatorial, et j'allais allumer cette première cigarette, si chère au fumeur, quand je m'aperçus avec ennui que la mèche soufrée de mon briquet était à ce point mouillée qu'il m'était impossible de l'enflammer.

Notre feu était éteint, il fallait retourner chez les Indiens chercher de l'étoupe de *fromager*, bien sèche et toute préparée. C'était une demi-heure de retard.

Je me rappelai tout à coup que j'avais au fond de ma carnassière, une boîte d'allumettes-bougies. La dernière conservée jusqu'alors avec une parcimonie d'avare.

Fouiller dans la poche, prendre une allumette, la frotter fut l'affaire d'une seconde. Crac!...

O surprise!... ô terreur! devrais-je dire. Taïropou, mesdames Taïropou, tout le clan des Taïropou, grands et petits, sursautent à l'envi, se regardent stupéfaits, se lèvent, et tendent vers le ciel des bras éperdus?

— Oh! compé!... oh!... s'écrie le Peau-Rouge. Qui c'été ça, bête-là?

— C'est une allumette, parbleu!...

— Oh! compé!... oh!

— Oh!... oh!... oh!... surenchérissent à l'envi tous les Taïropou.

— Baïe-moi ça bagage-là.

Je ne fis nulle difficulté, comme bien vous pensez! pour satisfaire cette innocente fantaisie, et mon Indien, non moins heureux que Prométhée lui-même, ce premier inventeur des allumettes, put à son tour faire jaillir la flamme de la substance inerte.

— Encore... Baïe-mo p'tit bagage...

— Non ! répliquai-je avec fermeté.

Une indescriptible expression de chagrin contracta la figure du pauvre diable. De grosses larmes lui vinrent aux yeux. Ce refus lui était d'autant plus sensible que c'était le premier qu'il essuyait de ma part.

— Poquoué, compé? dit-il d'un ton larmoyant.

— Va me chercher le « couïdarou » de Yòpi, et donne-le moi en échange de la boîte.

Cet argument était irrésistible car Taïropou, vaincu, prenait ses jambes à son cou — chose rare de la part d'un Indien — et moins de vingt minutes après, j'étais en possession du casse-tête.

— Ce n'est pas tout, lui dis-je, tu n'auras ma petite boîte que quand je saurai l'histoire de Yòpi. Nous partons dans une heure, tu as tout le temps de nous la raconter.

— C'est inutile, interrompit Mackintosh. Je la connais par le menu et je vais vous en faire part.

« Voici : il y a dix ans, Taïropou avait un fils de vingt ans, un superbe gaillard dont il était fier à tous égards. Il était, à cette époque déjà le capitaine de nos Arouagues et son fils devait lui succéder. C'est vous dire que toutes les espérances et toutes les tendresses reposaient sur la tête de cet héritier présomptif.

» Une grande fête eut lieu à l'occasion de la récolte du manioc. On fit du *cachiri*, du *wicou* et du *wapaya*, les boissons aimées du Peau-Rouge. On dansa et on but comme boivent les Indiens.

» Maintenant que vous êtes familiarisé avec la contenance de leurs estomacs, le volume de liquide qu'ils peuvent absorber n'a pas lieu de vous surprendre.

» Malheureusement, ces boissons fermentées, englouties en telle quantité, produisent une ivresse furieuse. Si vous assistiez à une de ces fêtes, vous ne reconnaîtriez plus ces hommes qui poussent la douceur jusqu'à l'apathie. Ce sont de véritables démons qui hurlent, se démènent, se tordent, cabriolent, se déchirent et s'assomment. Les coups pleuvent, le sang ruisselle, et il faut toute l'autorité des chefs qui, bien qu'atrocement gris, ne perdent pas la tête, pour éviter d'irréparables catastrophes.

» Le fils de Taïropou se livrait au plaisir avec toute la fougue de son âge, quand une de ces rixes, hélas! trop fréquentes, éclata.

» Le jeune homme s'élança dans la bagarre... Un coup sec retentit, et le malheureux tomba, la tête broyée comme une calebasse, par le casse-tête d'un des assistants, nommé Yopi.

» Cette catastrophe dégrisa subitement les énergumènes.

» Ah! si la victime n'eût pas été le fils du chef! Mais le trépas du futur oint de Gadou, le Manitou équinoxial criait vengeance ! Aussi, Yòpi détala, t-il comme un kariakou et ne reparut plus.

» Taïropou ne versa pas une larme. Les hommes ne pleurent pas, ici. Il fit à son fils de superbes funérailles, puis, le visage barbouillé hideusement du sang de l'infortuné et agitant l'arme laissée par le meurtrier, il proféra un terrible serment de vengeance.

» Il attendit cinq ans, avec cette patience dont seuls sont susceptibles les Indiens. Nul ne savait ce qu'était devenu Yòpi, quand Taïropou fut un jour informé que le meurtrier se trouvait dans un village voisin, dont le chef et les principaux habitants étaient ses « banarés » (compères) à lui, Taïropou.

» Il dit : « C'est bien ! » rentra dans son carbet, saisit le casse-tête attaché à un poteau, ceignit son grand diadème en plume d'ara, accrocha son collier en dents de tigre, prit son bâton de commandement, et partit, accompagné de son porte-flûte.

» Il arriva chez ses alliés et s'annonça par une éclatante fanfare. Après les politesses d'usage, le chef le conduisit sous un carbet en travers duquel était suspendu un hamac en coton. Dans ce hamac était un homme garrotté. Taïropou lui découvrit la figure, et reconnut Yòpi.

» — C'est lui, dit-il simplement.

» Deux hommes saisirent le hamac par une amarre et l'emportèrent.

» Les membres de la tribu, en grand costume, suivirent en silence. Arrivés au centre du village, ils se rangèrent en demi-cercle, toujours impassibles. Derrière eux se rangèrent les femmes et les enfants.

» Puis, les flûtes glapirent, les tambours résonnèrent. Yòpi fut entouré des hommes et agenouillé devant Taïropou.

» Ce dernier brandit son arme...

» — Cet homme a tué mon fils, dit-il.

» Qu'il meure!

» — Qu'il meure! répétèrent d'une voix grave les assistants.

» — J'ai un enfant, dit froidement Yòpi sans essayer pour cela de l'attendrir.

» — Il sera le mien et remplacera celui que j'ai perdu.

» Il leva le casse-tête une seconde fois, et le lourd morceau de bois s'abattit.

» Yòpi, la tête fracassée, la cervelle en bouillie, les yeux hors des orbites, tomba foudroyé...

» Voici l'enfant de Yòpi devenu à l'instant même le fils de Taïropou, termina le commissaire, en me montrant le grand garçon de dix-huit ans que j'avais regardé toujours comme le fils du chef.

» Cette terrible application de la peine du talion n'a aucunement refroidi leurs rapports. Cette coutume est dans les mœurs et ils s'aiment comme père et fils.

» Il sera le chef des Arouagues après la mort de Taïropou.

. . . . . . . . . . . . .

J'ai rapporté le *couïdarou* de Yòpi, et je ne puis le regarder sans frémir, en écrivant ces lignes, quand j'aperçois la tache rouge qui souille la cordelette de coton.

# UN THÉATRE

## DANS L'AFRIQUE ÉQUATORIALE

Du lac Ukérewé sort, à l'équateur, par 30° de longitude Est, une des sources du Nil, la branche dite Sommerset, découverte par Speeke et Grant.

Cette rivière tombe bientôt dans le lac Albert N'yanza, découvert en 1864 par sir Samuel Backer, et arrive aux Cataractes Murchison d'où elle se précipite d'une hauteur d'au moins cinquante mètres.

Nous conduisons le lecteur chez une des tribus riveraines de ce cours d'eau pour le faire assister à une scène dramatique bien éloignée de l'opérette moderne, mais montrant que le théâtre n'est pas inconnu aux peuples les plus arriérés.

.... Les explorateurs étaient arrivés chez Karkoan's qui, après avoir détroné son roi Camrési, lui avait crevé les yeux, et finalement l'avait jeté aux crocodiles, fort friands de chair noire.

Il voulut recevoir dignement les hommes blancs, dont les armes pouvaient, s'il s'assurait l'amitié de leurs possesseurs, contribuer puissamment à l'affermissement de son pouvoir.

Les présents abondèrent : chèvres, vaches, bœufs de selle (c'est la monture de ces pays), défenses d'éléphant, calebasses de lait caillé, tonnelets de bière de sorgho, paniers de riz, etc., etc.

Le lendemain de leur arrivée, une grande « Représentation » succéda à un festin copieux.

Le théâtre, qui sert aussi de salle de festin, est orné de crânes et d'antiques débris de squelettes, attestant d'anciennes coutumes anthropophagiques heureusement tombées en désuétude.

On vend aujourd'hui les prisonniers, on ne les mange plus.

A Paris, les abonnés ont leur fauteuil à l'Opéra ; ici, ils ont leur crâne. La place n'est pas large, mais elle leur suffit.

C'est un honneur, car beaucoup n'ont au lieu d'un crâne humain, qu'une tête de bœuf, dont les cornes servent à reposer leurs bras.

Il n'y a ni gaz, ni trucs, ni décors. Les loges et les galeries sont inconnues ; un parterre seul, pour stalles et fauteuils les sièges précités.

La salle est une abominable hutte en terre et en

paille piétinée, dont le devant ouvert rappelle assez bien le théâtre Guignol.

Devant, les spectateurs sont rangés, assis sur leurs sièges funèbres, et protégés contre les ardeurs du soleil par les arbres merveilleux du continent africain.

Un régisseur européen a dû passer par là, et donner l'idée d'un rideau, car un large morceau de calicot, accroché à deux bambous, cache la scène.

Le silence se fait. En attendant le signal, le turc Ibrahim, un émissaire de Mahmoud-Bey, riche marchand d'esclaves de Karthoum, donne aux voyageurs quelques détails sur le spectacle qu'on va leur offrir.

Il n'y a pas de troupes dramatiques dans l'Afrique équatoriale. Le roi et ses principaux personnages montent sur les planches comme de simples comédiens, et se réservent jusqu'ici d'amuser le public.

Pourquoi pas ! Néron a bien joué la tragédie.

L'opérette, le vaudeville et l'opéra-comique y sont inconnus. Mais en revanche, le mélodrame y est nature, ainsi qu'on va le voir.

Les artistes représentent comme bon leur semble, et sans redouter la censure, un épisode de chasse, de guerre ou du règne du souverain qui est généralement le premier sujet.

Les femmes sont rigoureusement bannies de la représentation, comme actrices et comme spectatrices. Elles se pressent curieusement, pour accrocher quelques bribes de la pièce, en dehors des limites assignées à l'assistance masculine.

La toile ne se lève pas, elle s'ouvre !

L'orchestre se fait entendre, car il y a un orchestre.

Un naturel, accroupi devant une caisse qui est, ma foi, un orgue de Barbarie, moud avec acharnement d'antiques refrains européens.

On reconnaît vaguement l'air de « Ohé ! les petits agneaux !... » mais démoli, faussé, massacré par l'instrument détraqué qui a fait l'admiration du feu roi, auquel Ibrahim l'avait cédé en échange d'un lot d'esclaves.

... Le drame a pour sujet l'avènement au trône de monarque actuel.

L'acteur qui représente le défunt tyran Camrési, entouré de sa cour, est assis, à la droite du public, ou plutôt accroupi sur une peau de panthère.

Sa mise est luxueuse. Un diadème de verroteries entoure son front, il se drape dans un manteau de drap rouge et des bottes de marocain ornées d'éperons d'acier emprisonnent ses jambes.

Les autres sont habillés à l'avenant, quoique avec un luxe moindre.

Par le côté droit de la scène, entre une troupe d'hommes nus, armés de lances indigènes !... Leur chef porte, pour tout vêtement, une ceinture de joncs tressés dans laquelle est passé un large poignard turc.

Il porte, au cou, une corde rompue, dont les fragments retombent sur son dos.

C'est Karkoan's! Il s'avance vers le roi, gesticulant, criant, hurlant, lui et ses partisans.

Cette scène doit représenter le premier acte de son avènement.

Il montre le poing au tyran, et l'interpelle avec véhémence.

Camrési lui répond par une mélopée traînante, et lui indique, hospitalièrement, à lui et à sa troupe, des calebasses, remplies de vin, de palme et de bière de Sorgho, sur lesquelles il se précipite avec une gloutonnerie sans égale.

Karkoan's essuie, du dos de sa main noire, ses lèvres lippues; ses compagnons se pourlèchent, avec la sensualité de singes suçant des cannes à sucre.

Il paraît que les buveurs ne possèdent pas la reconnaissance de l'estomac, car le dialogue devient de plus en plus animé, et les gestes de plus en plus menaçants. L'ivresse commence à réagir. Ils ne jouent plus pour le public et paraissent tellement empoignés, qu'ils en oublient l'assistance.

Les invectives se croisent. Ils brandissent leurs armes, et boivent encore. Les chants continuent, à la grande joie du public, avec des intermèdes de danse.

Le prétendant, complètement ivre, s'avance vers le monarque, qui ne l'est pas moins, lui arrache brutalement son diadème et le met sur son front. Chose qui, dans tous les pays du monde, a une signification politique parfaitement éloquente.

Le roi dépouillé résiste faiblement. Enhardi par l'impunité, l'autre lui enlève son manteau et se drape avec des attitudes à la César de Bazan.

Ma foi, c'en est trop! Camrési se défend énergiquement et s'oppose par la force à de nouveaux empiètements. Ses fidèles s'agitent et s'ébranlent en masse. Les révoltés ne restent pas non plus inactifs et se groupent autour de leur chef.

Les voilà séparés en deux camps, brandissant leurs lances, s'interpellant comme des héros d'Homère et prêts à engager la lutte.

On entend alors une sorte de bourdonnement. C'est le tambour indigène qui se trouve aussi à l'orchestre, et rythme une marche.

Les deux troupes se mêlent en mesure, vont, viennent, se croisent, repartent et se réunissent en nasonnant d'incompréhensibles paroles, tourbillonnant, cabriolant, s'arrêtant, avec une précision merveilleuse à un signal de leurs chefs et alignés d'une façon irréprochable.

Après un pareil exercice, il faut boire encore. Aux calebasses vides succèdent sans interruption des calebasses pleines.

La quantité de liquide absorbé devient alarmante. Les acteurs sont abominablement gris; c'est dommage, car ils ont des jeux de physionomie étonnants, et leurs gestes sont d'une vérité, d'une puissance sans égale.

Ils simulent le combat et commencent une série

de culbutes et de mouvements désordonnés qui stupéfieraient des clowns de profession.

Leurs cris assourdissent les oreilles des Européens et ravissent les spectateurs indigènes.

On est étonné de la précision de leurs mouvements et on se demande comment ils peuvent ainsi lancer au mileu de ce tourbillon leurs armes sans se blesser.

Mais, hélas, ce que les voyageurs appréhendent arrive bientôt.

Karkoan's entre tellement dans l'esprit de son rôle, l'ivresse aidant, et peut-être aussi des talents dramatiques spéciaux, que sa lance perce de part en part la cuisse du soi-disant monarque.

Le sang ruisselle. Le pauvre diable se prend à hurler d'une façon lamentable. Le roi perd alors complètement la tête, se précipite sur lui et lui ouvre le ventre.

L'infortuné tombe avec un cri terrible. Tous, amis et ennemis, s'élancent sur lui et l'achèvent.

L'orgue de barbarie écorchait à ce moment l'air « Ah ! il a des bottes ». C'était sinistre, on pensait à la mort de Fualdès.

Ibrahim, dont ce meurtre ne faisait pas le compte, s'élança sur la scène le revolver à la main, en menaçant le triomphateur de lui casser la tête.

« L'acteur » éventré était un esclave de valeur, dont le prix venait d'être versé par lui, et qu'il devait emmener prochainement, à Souakim, pour l'Iman de Mascate.

Quelques mots en langue indigène et la promesse de douze défenses d'éléphant le mirent promptement d'accord avec Karkoan's.

Le rideau fut de nouveau tiré.

Jamais les spectateurs n'avaient éprouvé un tel ravissement.

Le premier sujet était allé un peu loin, mais c'était si nature.....

# LA THÉIÈRE DU RAJAH

Sir Arthur Chasters était résident-général à Indore, ville principale du royaume d'Holkar, au nom de Sa Très Gracieuse Majesté Britannique. Il habitait à une demi-heure de la ville, avec mistress Helena Chasters et sept misses, issues de cette union, un cottage adorable, environné d'un parc taillé en pleine forêt.

Sir Arthur — un personnage officiel peut, sans ridicule, s'appeler Arthur de l'autre côté du détroit, — sir Arthur, dis-je, les pieds allongés sur un léger escabeau de bambou, lisait le *Bombay-Times* avec une évidente préoccupation. Sa tasse de thé était froide, et son havane, à moitié rongé, gisait éteint à côté. Son crâne, glabre comme une pastèque, se marbrait de taches violettes, sa figure s'empourprait, et son maxillaire inférieur, sur lequel végétaient de maigres favoris roux, éprouvait de violentes contractions.

Un monceau de dépêches froissées formait une litière, sous les pantoufles groseille, brodées par la blanche main de miss Magge.

Les nouvelles qui avaient le privilège d'émouvoir l'honorable gentleman, n'étaient rien moins que rassurantes. Les émissaires du farouche Raokobar venaient prêcher la guerre sainte jusque dans Indore ! Le temps pressait, car dans l'Inde, les révoltes éclatent comme un coup de tonnerre dans un ciel serein. Il fallait aviser et prendre les mesures résultant d'une longue expérience. Le temps pressait, dis-je, à ce point, qu'on devait rentrer, le lendemain, dans la ville et s'y fortifier.

Il était dix heures du soir, la nuit était tiède, étoilée et silencieuse. Les misses rentraient au dortoir commun, après la prière, récitée en commun par le chef de la famille.

Mistress Chasters parachevait sa toilette de nuit, et faisait, à la salle de bain, les ablutions si chères aux habitants de ces contrées torrides.

Au dehors, quelques coolies, étendus indolemment sur des nattes, sommeillaient sous la vérandah.

Tout à coup, une épouvantable clameur, aussi puissante que le rugissement de vingt tigres, éclata comme un tonnerre et glaça d'épouvante les paisibles habitants du cottage.

Une légion de démons, bronzés comme des portes de pagode, nus comme la main, armés de haches et de poignards, se précipita ainsi qu'un ouragan, brisant les fenêtres, enfonçant les portes et massacrant les coolies qui se prirent à piauler sans songer à se défendre.

Au premier bruit, sir Arthur ouvrit son secrétaire, prit dans un tiroir secret les traites sur la maison Tompson, French and Cº composant ses économies. Il décrocha ensuite un revolver d'une panoplie, et s'en alla, paisiblement, frapper à l'entrée de la salle de bain, devant laquelle se pressaient les jeunes misses affolées et à peine vêtues. Mistress Helena, couverte à la hâte d'un peignoir éponge, hermétiquement boutonné jusqu'au col, ouvrit la porte massive, non sans soupirer un *shoking* intempestif. Les pauvrettes s'y engouffrèrent suivies de sir Arthur qui couvrit la retraite. Les flammes de son revolver éclairèrent le couloir obscur, et il eut la douce satisfaction de voir tomber sur les dalles les premiers assaillants.

Cette salle conduisait à un souterrain construit jadis lors de la révolte des cipayes, et qui reliait le cottage au palais du gouverneur militaire, où ils furent bientôt en sûreté.

La porte, construite en madriers de santal, renforcée de traverses épaisses, arrêta les envahisseurs. Ils eurent toutes les peines à l'enfoncer pour pénétrer dans ce sanctuaire, jusqu'alors rendu infranchissable par la pudeur britannique.

Une baignoire en marbre blanc, des nattes en paille de maïs, deux escabeaux en bois blanc : tel était l'ameublement élémentaire de ce buen-retiro.

Puis une table de laque, sur laquelle trônait, comme une divinité, un instrument bizarre qui excita leur curiosité.

Un long tuyau flexible, terminé par un bouquin de la nacre la plus pure, lui donnait une vague ressemblance avec un narghilé. Ce tuyau s'adaptait à un vase cylindrique de la contenance d'un demi-litre environ, en ivoire incrusté de filets d'or bruni, plein d'un liquide jaune clair de l'aspect le plus engageant. Une tige à crémaillère, en argent massif, pourvue d'une mignonne clef du même métal, émergeait de ce vase, et le dépassait de plusieurs pouces. Un couvercle, en argent aussi, à charnière mobile, en fermait l'ouverture ; et, détail particulier, ce couvercle circulaire était construit de telle façon, qu'il se brisait en deux, et que la moitié se relevait le long de la tige à crémaillère. Enfin, un socle en malachite servait de piédestal à l'appareil, et lui permettait de se tenir debout.

Après quelques minutes d'une contemplation étonnée, l'un des intrus, plus hardi et surtout mieux avisé que ses complices, avance sa main crochue, aux griffes de bronze.

Il tâtonne, intimidé, presque tremblant, les différentes pièces de cet appareil, et tourne machinalement un petit robinet, presque invisible, placé à la base du tube.

O prodige inouï !... O merveille inénarrable ! La vie semble animer cette admirable machine dont les organes se mettent soudain en mouvement !...

La tige à crémaillère descend lentement, s'enfonce peu à peu et disparait, pendant que la clef tourne automatiquement !...

Mais, ce n'est pas tout. Un jet de liquide s'élance du bouquin et rejaillit sur les profanateurs consternés qui tombent la face contre terre.

La panique est à son comble !

Seul, le brahmane Sougriva, dont le regard dompte les tigres et fascine les serpents, s'avance, pâle sous son bistre. Il tombe à genoux, et frappé d'une inspiration subite, saisit l'extrémité du tube qu'il porte pieusement à ses lèvres et aspire à longs traits ce liquide qui peut recéler la mort.

Tant d'héroïsme doit avoir sa récompense. Une liqueur douce comme le miel vient lui rafraîchir la bouche et lui procure une extase délicieuse !

Comme tout a une fin en ce monde, la machine cessa de fonctionner, et force fut au brahmane de reconnaître que ce n'était pas la bouteille inépuisable. En vain lui prodigua-t-il les noms les plus doux ; en vain prononça-t-il les incantations les plus terribles. Les versets de Mahabarata furent, eux-mêmes, aussi impuissants à faire couler l'hydromel, que les prières et les menaces.

...Le pillage de la maison s'opéra méthodiquement, et les rôdeurs s'en allèrent à l'aube, chargés d'un butin précieux, sans oublier la « *Fontaine d'Ivoire.* » Instruit d'un prodige aussi étonnant, Raokobar, qui attendait impatiemment le retour de ses hommes, convoqua, séance tenante, le ban et l'arrière-ban des savants que leur commune ignorance mit d'accord pour la première fois. Ils nièrent l'existence du prodige, et conclurent unanimement, qu'il fallait détruire, au plus vite, cet odieux produit des infâmes Anglais.

Plus persévérant que ses sujets, le rajah chercha, sans se rebuter, le mécanisme intelligent qui les déroutait, et finalement découvrit qu'il n'y avait aucun subterfuge. Mais il ne pouvait en soupçonner l'usage, bien qu'il eût souvent vu sur les bords de la Nerbuddah, les ibis se rendre à eux-mêmes, avec leur long bec rempli d'eau, le service que M. Fleurant veut rendre de force à Orgon.

Il en fit une théière automatique, et c'était merveille de voir sa favorite, la belle Sita, promener à la ronde, entre ses doigts aux ongles colorés en rose par le henné, le petit bouquin de nacre, et verser l'odorante infusion dans des tasses de porcelaine représentant les épisodes glorieux du règne de Tippo-Sahib.

Raokobar, radieux comme un enfant qui possède un joujou unique, et de plus magnifique comme un satrape, fit consteller la « théière » de perles, de rubis, d'émeraudes, de saphirs et de diamants. C'est maintenant une merveille d'un prix inestimable.

Quand le jour des représentations officielles, le grand maître des cérémonies accompagné de quatre guerriers, le cimeterre à la main, la retire du trésor particulier du roi, c'est un éblouissement, une fulguration.

Il a été donné à un Européen de contempler cette reine des théières.

Un traité augmentait de quelque vingt mille roupies le tribut annuel du rajah révolté, et sir Arthur Chasters fut l'heureux négociateur qui conduisit à bien cette délicate négociation.

Le jour de sa signature on prit le thé.

Vous pouvez juger de la stupéfaction de l'honorable gentleman à la vue de l'étrange exhibition de ce récipient inusité. Après avoir appris de son hôte comment il le possédait, il ne jugea pas à propos de le détromper sur son emploi. Il en accepta héroïquement une dose, qu'il huma du bout des lèvres, ce qui, même pour un Anglais original, était une manière au moins fantaisiste de fumer le calumet de paix.

La pensée ne lui vint pas de refuser, ni même de trouver shoking le procédé. Un plénipotentiaire est souvent obligé à bien des concessions.

Et sir Athur fit contre fortune bon cœur, se disant que, après tout, l'instrument avait été le discret serviteur de la seule mistress Héléna, avant de devenir la *Théière du Rajah!*

# LA PREMIÈRE ÉPAULETTE

Le douzième mois de « l'année terrible » allait finir. Paris haletait sous la douloureuse étreinte d'un cercle de fer qui se rétrécissait chaque jour. Le moment psychologique attendu par le chancelier allemand était venu. L'ouragan de fer s'abattait chaque nuit sur la ville, parachevant l'œuvre de la famine et de la maladie.

Les hommes valides, confinés aux tranchées ou empilés dans les casemates, attendaient, faméliques et gelés, un lendemain qui arrivait avec une lenteur morne et désespérée. Jamais cette immobilité, si opposée au tempérament français, la plus douloureuse peut-être des contraintes imposées aux défenseurs de Paris, ne fut aussi pénible qu'à ce moment. Aux souffrances physiques s'ajoutaient les tortures d'une attente stérile dont rien ne faisait prévoir la fin, et les plus énergiques sentaient fléchir leur espoir, quelque robuste qu'il fût.

C'est que l'on se battait si peu, et que l'on mourait tant!...

..... Il était quatre heures du matin. Trois heures encore d'obscurité avant de voir l'apparition de ce jour blafard si long à venir. Les marins, engoncés dans leurs peaux de mouton, évoluaient, silencieux, au fond de la tranchée qui s'étendait d'Arcueil à la Seine. Nous étions groupés une douzaine derrière une toile de tente qui interceptait les lueurs d'un brasier où grésillaient, en charbonnant, des brindilles de bois vert : de quoi faire fumer tout au plus la semelle de nos bottes ; mais il était urgent de ne pas signaler notre présence à l'ennemi, distant de huit cents mètres seulement.

En effet, de temps en temps une large fulguration s'épanouissait à travers les ténèbres, un sifflement déchirait l'air glacé, une détonation éclatait. Les Allemands ne s'endormaient pas, il nous fallait aussi veiller. Les anecdotes et les récits divers étaient terminés, la conversation languissait. Il importait d'autant plus de réagir, que le vent du nord avait concentré toutes ses âpretés pour nous glacer les os.

— Messieurs, dit tout à coup le capitaine Arnaud, nous avons encore, ne l'oubliez pas, trois heures avant la diane. Ce moment est le plus dur de la nuit, j'en conviens. Il fait un froid à enrhumer des ours blancs. Aussi, est-ce une raison pour réagir...

« ... Réagissons ! morbleu ! Jeunes gens, réagissons.

— Une histoire... capitaine, une histoire... demandâmes-nous d'une seule voix.

— Bien volontiers, reprit le capitaine Arnaud. Je vais, si vous le permettez, vous raconter les épisodes passablement extraordinaires qui ont agrémenté ma première journée de sous-lieutenant.

« Ce souvenir d'une époque lointaine et plus heureuse vous intéressera, je l'espère.

« Puissent ces heures maudites d'attente inutile et de danger stérile s'écouler plus rapides. »

Celui qui parlait était un homme de haute taille, à la figure énergique et pâle. Un vrai type d'officier et de gentilhomme ; sympathique, distingué, aussi à l'aise dans la tunique lui étreignant le torse, bien qu'il eût quitté l'uniforme depuis dix ans, que dans l'habit de gala des réceptions officielles.

Il était âgé de trente-six à trente-huit ans, et portait haut sa belle tête au front élevé, aux yeux bleu d'acier, à la bouche souriante et affectueuse. Quelques poils gris tranchaient dans le noir bleuâtre de sa barbe et de ses cheveux. Deux rides profondes, en coup de sabre, semblaient balafrer sa face depuis les ailes mobiles de son nez jusqu'à la commissure des lèvres. Sur ce masque tourmenté se retrouvaient les empreintes d'une vie agitée, que le capitaine Arnaud avait trouvée trop bonne ou trop mauvaise. Peut-être l'un et l'autre.

Bien que le secret de son existence antérieure eût été jusqu'alors rigoureusement gardé, nous savions vaguement qu'il avait lestement fondu un million au creuset de sa prodigalité, à l'âge où l'on n'ose pas même devoir cinquante louis à son tailleur. Après de multiples alternatives d'abondance et de disette, il menait grand train la succession d'un oncle, opulent comme le sont heureusement ces banquiers donnés par la nature, quand il reprit l'uniforme au cri d'angoisse de la patrie en danger!

Entre temps, hélas! le capitaine Arnaud buvait, comme l'Athos des *Trois Mousquetaires*, pour oublier. Comme le légendaire personnage d'Alexandre Dumas, il portait le deuil d'une affection tragiquement brisée. Comme lui, enfin, les absorptions énormes auxquelles il se livrait le laissaient froid. Seulement, sa douceur habituelle et sa sympathique cordialité augmentaient encore, s'il est possible.

Il était pour nous un frère aîné que nous aimions de tout notre cœur, car il était brave comme une épée.

— Messieurs, dit-il sans préambule et en allumant un cigare, je commence. C'était au début de la guerre de Crimée. Nous étions campés à Daoud-Pacha, près de Constantinople, et j'étais maréchal des logis aux dragons.

« Le général commandant la division m'avait commis d'office à la défense d'un homme traduit devant un conseil de guerre pour meurtre. C'était un ouvrier cordonnier du peloton hors rang, qui, un jour, étant en état d'ivresse, avait eu une querelle avec son brigadier, également ivre, d'ailleurs.

« A bout d'arguments et de mauvaises raisons, il s'était armé d'un tranchet, et en avait porté un coup furieux dans le ventre du brigadier. Cette horrible blessure ne laissait aucun espoir, et le malheureux expira quelques jours après dans des souffrances atroces.

« Vous connaissez, messieurs, l'implacable rigueur du code militaire. J'employai vainement la rhétorique de l'esprit et l'éloquence du cœur. Vainement j'essayai de démontrer aux juges l'inconscience de mon client, et d'obtenir, par une argumentation serrée non moins que chaleureuse, l'admission de circonstances atténuantes.

« La condamnation à mort fut prononcée.

« Au moment où le greffier finissait la lecture du jugement, un bruit étrange, comparable au roulement sonore de la glace qui craque, se fit entendre. La terre oscilla, les murailles semblèrent se rapprocher. Les panoplies ornant les murs de la grande salle du conseil frémirent et produisirent un indéfinissable froissement métallique. A cette plainte de l'acier succéda un fracas assourdissant. Les cimeterres, les kandjars, les yatagans, les flissahs, les haches et les masses d'armes s'abattirent pêle-mêle sur les dalles, et rebondirent en lançant des gerbes d'étincelles.

« Au dehors la ville craquait. D'opaques nuages de poussière montaient lentement, comme quand le simoun soulève dans le désert de mortels ouragans de sable. Le soleil se voila, n'apparut plus que comme un disque de métal rougi, et colora de rayons sanglants ces poussières aveuglantes.

« Nous éprouvions les effets de ce terrible tremblement de terre qui ravagea Constantinople en 1854, renversa complètement la ville de Brousse, sur la côte d'Asie, à quelques kilomètres de Scutari, et causa la mort de vingt mille personnes.

« Le condamné, foudroyé en quelque sorte en entendant son arrêt de mort, était resté immobile au milieu de ce tumulte qui avait immédiatement suivi. Où fuir, d'ailleurs ? Quelques-uns des juges abandonnèrent précipitamment la salle du conseil. Les autres furent jetés rudement sur le sol, mais demeurèrent à leur poste.

« Je m'élançai moi-même au dehors, sans but, sans idée, et m'arrêtai bientôt dans un terrain vague rempli d'une boue liquide et noirâtre. Constantinople conserve une double enceinte de hautes murailles garnies de tours élevées par le grand Constantin. Le cimetière environne ces murailles ; le terrain bourbeux où je me trouvais circonscrit le cimetière et s'étend à trois cents mètres environ, jusqu'aux bâtiments que nous occupions et qui s'appelent Daoud-Pacha. Le conseil siégeait dans une salle de ces énormes bâtiments construits en parallélogrammes réguliers d'au moins cinq cents mètres de long sur deux cent cinquante de large. Ils servirent de casernes aux Turcs, qui les habitèrent pendant un demi-siècle, avant la chute définitive de l'empire d'Orient.

« Le sol trembla encore. Je m'arc-boutai, et, tout en cherchant à rétablir mon centre de gravité, mon regard se porta stupidement sur un des quatre grands minarets décorant la façade principale de l'édifice. J'éprouvai comme une sensation de cauchemar en le voyant chanceler. Puis, les matériaux se désagrégèrent instantanément, et un long tourbillon de poussière blanche s'éleva en trombe vers le ciel. En même temps, quelques pierres glissèrent du sommet du minaret, qui se lézarda du haut en bas, s'ouvrit d'un seul coup et s'écroula avec un fracas inouï. Cela dura deux secondes.

« Un ruisseau coulait à mes pieds, dans une de ces rigoles fétides où croupissent jour et nuit les ordures innommées de Stamboul. Une voussure se produisit transversalement, coupant le ruisseau. La terre s'enfla, changeant le niveau du cloaque, qui remonta vers sa source impure.

« Les secousses recommencèrent de plus belle et durèrent trente secondes. Huit cents maisons s'écroulèrent et, comme je le disais tout à l'heure, vingt mille personnes furent écrasées ou brûlées dans le gigantesque incendie qui suivit cet effroyable cataclysme.

« Le devoir m'appelait là-haut. L'édifice était,

par miracle, resté debout. J'y retrouvai les juges consternés de la mort de l'un d'eux, écrasé par la chute du minaret.

« Le condamné avait repris toute sa fermeté. Sa tenue était parfaitement correcte. C'était un coupable, mais non un criminel endurci. Il méritait de l'indulgence.

« Touché des généreux efforts que j'avais tentés pour sauver sa vie, il me serra la main avec effusion, et me pria de l'aller voir le soir dans sa prison.

« Je n'eus garde d'y manquer.

« — Ah ! que vous êtes bon de ne pas m'abandonner, dit-il en m'apercevant. Je vous ai prié de venir, pour vous charger de mes dernières volontés. Vous ne me refuserez pas, vous avez déjà tant fait pour moi !

» Voici ma montre. Remettez-la à ma sœur. C'est le seul être que j'aie jamais aimé. Dites-lui que ma dernière pensée est pour elle, et que j'implore son pardon.

» Quant à vous, qui avez tant de droits à ma reconnaissance, je ne puis rien vous donner pour vos honoraires, je ne possède rien ! Je n'ai que ce pauvre sac à tabac que j'ai fait à votre intention pendant ma prévention.

» Vous acceptez, n'est-ce pas ?... »

» Il me présenta une véritable merveille de patience et de goût, que je conserve précieusement, en homme superstitieux, comme un talisman. Il avait trouvé, dans la casemate lui servant de cachot, un vieux sac à terre dont il fit du canevas. Il avait ensuite effilé les torsades de ses épaulettes, vertes et rouges à cette époque, et avait brodé sur ces fils grossiers du sac, des dessins exquis, au milieu desquels mes initiales faisaient saillie.

» J'acceptai, les larmes aux yeux.

» — Et maintenant, me dit-il, un dernier service. Accompagnez-moi « là-bas ». Je ne voudrais pas mourir seul. »

» Je le lui promis, malgré ma répugnance. Il parut plus tranquille. Je m'étais attaché à lui pendant ces fréquentes entrevues qu'amènent les relations entre défenseur et accusé. J'aurais voulu sauver son existence à tout prix.

» Je n'avais jamais vu d'exécution militaire.

» C'est terrible...

» Je devais assister l'acteur principal du drame, et je n'étais pas sûr de mes nerfs. Le cœur me défaillait à l'avance.

» J'arrivai au petit jour à l'endroit fatal.

» Un frisson convulsif me secoua du haut en bas, en voyant douze fantassins, rangés silencieux, l'arme au pied, et commandés par un adjudant, le sabre nu.

» Derrière ce peloton se tenaient des détachements de tous les régiments composant la division.

» Le condamné apparut, escorté de deux gendarmes. Il était très pâle, mais calme.

» J'allai à lui et pris dans mes deux mains les siennes, qu'on lui avait liées derrière le dos. C'est la règle.

» Je lui murmurai encore quelques paroles d'encouragement.

» — Le moment est dur, dit-il. Mais, c'est si vite fait. C'est égal, merci tout de même de vous être donné tant de mal pour un pauvre diable comme moi.

» Encore une fois, merci...

» Adieu !... Soyez heureux !...

» Pauvre garçon, dit en aparté le capitaine Arnaud entre ses moustaches, son souhait ne m'a guère porté bonheur...

» Il se laissa docilement bander les yeux, mais il resta debout.

» Je m'éloignai rapidement, et j'arrivai, lui tournant le dos, sur le rang des fantassins qui avaient l'arme en joue. L'adjudant baissa son sabre.

» Douze détonations éclatèrent.

» Un sentiment qui n'était pas de la curiosité, mais plutôt une indéfinissable horreur, fatal comme le vertige, irrésistible comme lui, m'ouvrait les yeux et me tordait la tête du côté du supplicié. Je mis mes deux poings sur mes paupières...

» J'entendis avant et malgré les coups de feu, le bruit mat des balles frappant sa poitrine, broyant ses côtes, trouant sa chair.

» Je m'enfuis éperdu et me trouvai au milieu du

peloton rompu, dont les hommes, affolés aussi, se groupèrent autour de moi.

» Une dernière détonation retentit, isolée, sourde. Le sergent accomplissait sa consigne, quelque pénible qu'elle fût. C'était le coup de grâce.

» C'était fini !...

» Les troupes défilèrent selon l'usage devant le mort !

» Salutaire et terrible enseignement, que la vue de ce cadavre encore chaud, que convulsent les derniers soubresauts de l'agonie.

» Nous rentrâmes au campement.

« Je marchais, péniblement affecté par cette scène lugubre, quand une demi-douzaine de mes camarades qui venaient du rapport m'entourèrent bruyamment.

« — Tu es officier, me cria l'un d'eux avec des notes de clairon dans la voix. Oui ! officier !... sous-lieutenant de dragons. La nomination sera officielle demain... C'est certain !... Je tiens la nouvelle du capitaine... Vive le lieutenant Arnaud !

» Tous me pressent à l'envi ; tous m'entourent, me félicitent, m'embrassent avec la plus sincère cordialité.

» Je les regardais ébahi. J'étais à cent lieues d'une pareille supposition. Un tel bonheur me paraissait un rêve. Les horizons que dorait l'épaulette étaient si lointains pour moi !

« Comme j'étais très aimé au régiment, personne ne me jalousait.

« C'était bien vrai ! Mes espérances les plus chères étaient donc réalisées. J'étais officier ! Il faut avoir servi comme un simple soldat pour apprécier l'infranchissable distance qui sépare le brigadier ou le caporal d'un « homme ». Rappelez-vous, messieurs, vous tous qui avez fait vos premières armes à Saint-Cyr, l'orgueilleuse satisfaction que vous éprouvâtes en échangeant votre tunique de collégien contre celle de saint-cyrien.

» Cette joie ne saurait être comparable à celle que procurent les modestes galons de laine qui désignent les titulaires de ce grade infime.

» Le cavalier qui passe brigadier devient une des mailles indissolubles de la chaîne qui commence au maréchal de France et finit à lui. Il devient d'ores et déjà le gérant responsable des faits et des gestes d'une chambrée. Il instruit les recrues et devient la cheville ouvrière des manœuvres. Il a l'oreille du « *chef* ». Il est quelqu'un enfin, grâce à ses galons de laine, car il partage avec ses supérieurs, les maréchaux des logis, les premiers parmi les derniers, les prérogatives du commandement.

» Je n'avais jamais éprouvé une joie pareille depuis le jour où j'étais passé brigadier.

» Le maréchalat des logis m'avait laissé froid.

» Aujourd'hui, j'étais officier ! Les galons de laine, la gamelle, la chambrée, les sardines, la pension des sous-officiers, tout était bien loin. Je portais dorénavant l'épaulette, et j'appartenais à l'aristocratie de cette grande famille qui s'appelle l'armée française.

» J'avais pour camarade, pour *alter ego* plutôt, un Alsacien du nom de Fechter. Entrés le même jour au régiment comme engagés volontaires, nous avions été faits sous-officiers à peu près à la même époque. C'était un garçon plein d'intelligence, travailleur, discipliné, rompu au métier, bref, un gaillard qui devait aller loin.

» Je courus à sa tente, j'entrai comme un ouragan, et lui souhaitai la bonne nouvelle, en lui sautant au cou.

» — Eh, bien ! m'écriai-je essoufflé, mon vieux, ça y est. Je suis nommé... de ce matin. A ton tour, maintenant, mon bon ami. Cela ne peut tarder. Je suis certain que le premier courrier de France t'apportera ta nomination.

» Tu sais, le cœur est le même, et l'ami des vieux temps restera toujours et quand même celui du lendemain. »

« Fechter resta impassible. Il me repoussa presque en disant d'une voix sourde et comme étranglée :

» — C'est bon, c'est bon ! Vous êtes officier, eh bien ! tant mieux pour vous. Comme vous le dites, mon tour viendra.

» Eh ! bon Dieu, ce n'est vraiment pas la peine de tout démolir ni de perdre ainsi la tête pour une chose qui ne vient qu'en son temps. Car, enfin, nous n'avons l'un et l'autre pas moins de six ans de service !

» Vous n'avez pas trop de temps pour voir vos nouveaux camarades et entrer de plain-pied dans vos nouvelles dignités. Je suis contrarié de vous quitter brusquement, mais j'ai passé une nuit blanche à copier le travail du capitaine rapporteur. Je tombe de sommeil.

» A demain, mon lieutenant. »

« Je sortis de la tente sans faire la moindre réflexion, relativement à l'étrange attitude de mon vieux camarade. Je ne m'aperçus même pas tout d'abord de ce qu'avaient pour moi d'insultant ses paroles glaciales et son congé grossier.

» Les émotions de la matinée, les derniers mots du condamné, la vue de son cadavre horriblement contracté, la nouvelle aussi imprévue qu'ardemment souhaitée de ma nomination, tout cela s'enchevêtrait dans mon cerveau. Il y avait en moi un tel antagonisme d'images pénibles et d'idées riantes, que je ne possédais plus ma lucidité ordinaire pour juger les faits et les apprécier.

» Je fus rêveur pendant le déjeuner. Les paroles de Fechter me revenaient sans cesse à l'esprit. Je me les répétais machinalement et, chose étrange, elles me paraissaient toutes simples, presque naturelles. Ma nature ne pouvant concevoir l'envie, je lui pardonnais sa mauvaise humeur et lui faisais une concession d'amour-propre. Cette concession me semblait la perle que Crésus trop favorisé par la fortune, jette à la mer comme expiation volontaire.

» J'étais si heureux que j'osais à peine croire à mon bonheur. Pourtant... j'étais soldat. L'on me regardait à juste titre au régiment comme très chatouilleux sur le point d'honneur. Comment avais-je pu tolérer un sans-gêne à ce point inusité? Un inférieur qui vous manque, passe encore. On peut lui pardonner. L'on a d'ailleurs mille occasions de prouver la supériorité que l'on a sur lui, en faisant mieux et plus, surtout en présence de l'ennemi.

» Mais un égal!... un vieux camarade! Non! mille fois non!

» Tout en monologuant de la sorte, j'avais terminé mon modeste déjeuner. Je m'acheminai vers la tente pompeusement décorée du nom de Café de Messieurs les Sous-Officiers. Ce n'était en réalité qu'une abominable gargote où des empoisonneurs autorisés par l'administration, faisaient absorber à nos estomacs les plus atroces mélanges. Nécessité n'a pas de loi.

» Les hourras, les bravos, les poignées de main saluèrent mon entrée. Je faisais de mon mieux pour répondre à une aussi cordiale réception.

» Fechter, qui avait déjà terminé sa sieste, se trouvait seul dans un coin. J'allai carrément à lui.

» — Ecoute, lui dis-je sans préambule, je ne m'explique ni ta boutade de tantôt, ni ta maussaderie présente. J'aurais voulu qu'aucun nuage ne vînt obscurcir l'éclat de ce beau jour, et que la fête fût complète. Qui sait où nous serons demain !

» Dis-moi donc ce qui te tient au cœur. Je suis sûr que quelques paroles loyales nous auront bientôt mis d'accord. Quant à ce qui me concerne, si je t'ai offensé, c'est sans le vouloir. Je suis prêt à te faire toutes mes excuses. »

» Il eut un mauvais sourire, puis ricana en disant :

« — Et si je ne voulais pas répondre.

» — Mauvais moyen de provocation, mon cher, mauvais moyen. Tu montres le bout de l'oreille, et la jalousie t'aveugle. Je n'aurais jamais cru qu'un pareil sentiment pût métamorphoser ainsi en quelques minutes un homme tel que toi.

» C'est bien. Tu m'as insulté, nous allons en découdre.

» Je ne serai officiellement reconnu sous-lieutenant que demain au réveil. Nous avons largement le temps de nous aligner. Il n'y a pas jusque-là de hiérarchie entre nous. Et d'ailleurs, il suffira de dix minutes pour liquider notre affaire. Dépêchons, le plus tôt sera le mieux. »

« Je priai deux de nos camarades de s'aboucher séance tenante avec deux autres, désignés par Fechter, qui, brave à tous crins et friand de lame, avait aussitôt accepté mon cartel.

» Les conditions de la rencontre furent bientôt arrêtées. Nous n'avions guère l'habitude de paperasser des procès-verbaux, nous autres. Nous commencions par cogner dur, quitte à nous entendre après. Ces conditions les voici : l'on se battra immédiatement, au sabre d'ordonnance. Ce fut tout, et nous partîmes tous six à la recherche d'un emplacement.

» A cent mètres à peine du campement réservé à la cavalerie, se trouvaient de gros tas de fumier irrégulièrement rangés. Dans les garnisons, le fumier se vend. C'est même une denrée assez estimée. Mais ici on ne savait comment s'en défaire, et les hommes de corvée l'entassaient en masses considérables, rappelant assez les meules de foin des pays de pâturages. Il y en avait de quoi faire pâmer d'aise tous les champignonnistes des environs de Paris.

» Nous fîmes choix d'un petit terrain situé entre quatre meules et qui nous parut on ne peut mieux approprié à l'usage que nous en voulions faire.

» Nous mîmes en un clin d'œil habit bas et flamberge au vent. Mon adversaire, de première force à la contre-pointe, ne me ménageait guère. Pour moi, je parais de mon mieux, et en homme qui éprouve pour son épiderme le plus profond respect.

» Fechter en voulait à ma figure, et revenait sans cesse à un vilain coup de tête, à la parade duquel je n'arrivais que bien juste.

» Il voulait me balafrer, et c'eût été dommage à vingt-trois ans ! Cette opération était seulement du ressort des cavaliers de Sa Majesté Nicolas, et je me promettais bien, le cas échéant, de leur marchander énergiquement ma peau.

» Mon enragé revint une troisième fois à son coup favori, et sa latte serait descendue comme la foudre entre mes deux yeux, si je n'y avais mis bon ordre. La latte de la cavalerie de ligne offre cet avantage que l'on peut également s'en servir en même temps comme d'un sabre et comme d'une épée, à la condition, bien entendu, d'avoir un poignet solide. Je parai prime. Il était, ma foi, grand temps, car la lame de Fechter entailla profondément la garde de cuivre de mon sabre.

» Je ripostai par un coup droit...

» Mais, quel coup droit, messieurs! De mémoire de prévôt on n'en vit de pareil. L'avant-bras fut traversé net par la pointe, qui, continuant son voyage à travers les muscles du bras replié, sortit rouge et fumante de six pouces, près de l'épaule.

» Le membre retomba comme paralysé. Le sabre de Fechter lui échappa. Je jetai le mien, et m'élançai au cou du blessé.

» — Ah! mon pauvre ami, m'écriai-je, je suis vraiment désolé de tout cela. Pardonne-moi « ma maladresse... » Je te le répète, je suis désolé. »

« Il me tendit sa main valide et me dit :

» — Tu vaux mieux que moi, Arnaud. Je te fais mes excuses pour ma stupide bouderie de tantôt. Que veux-tu, l'homme n'est pas parfait.

» Que cette algarade passe comme un nuage et n'altère en rien notre bonne amitié. Je m'en vais de ce pas trouver le docteur et me faire panser. C'est bien fait, je n'ai que ce que je mérite. »

« Nous nous séparâmes meilleurs amis que jamais, et, depuis cette époque, notre affection a été celle de deux frères. Fechter est aujourd'hui chef d'escadron. En quelque lieu qu'il soit en ce moment sur le territoire de la France envahie, il fait œuvre de soldat et de patriote.

» Il fallait songer à mon équipement. Je devais être reconnu le lendemain matin par le colonel sur le front du régiment, et je ne voyais pas sans inquiétude arriver cet instant solennel.

» En France, je n'eusse pas conçu la moindre inquiétude. Il y a, outre le maître tailleur et le maître bottier, maints fournisseurs qui offrent aux officiers nouvellement promus tout le crédit désirable.

» Mais, ici, à huit cents lieues de Paris, comment faire ? Mes nouveaux collègues, comme s'ils eussent deviné ma détresse, se mirent à ma disposition avec une courtoisie et une cordialité qui m'émurent profondément.

L'un me donna des épaulettes, l'autre un képi qui m'allait à ravir, d'autres m'apportèrent des attentes, un quatrième les bandes de drap vert qui distinguaient alors le pantalon de l'officier de celui du soldat.

» Ma transformation rappelait la légende de l'habit d'Arlequin.

» Mon ordonnance ne se sentait pas d'aise. Lui

aussi mordait au gâteau des honneurs. Le brave garçon en prenait à cœur joie. De demi-brosseur il devenait brosseur entier. Il allait être dorénavant exempt de droit de ces corvées qu'il maudissait de tout son cœur et auxquelles il n'échappait jusqu'alors qu'au prix des injustices les plus criantes, ou des passe-droits les plus éhontés sur lesquels nous fermions les yeux, sans pourtant oser les autoriser.

» Ses émoluments seraient doublés, et il aurait moins à faire. Puis, enfin, pensez donc, ordonnance d'un officier, il devenait un personnage. Aussi, me donnait-il du « lieutenant » à bouche que veux-tu, à tout moment et à tout propos. Il me provoquait à parler, sous le prétexte le plus futile, afin d'avoir à répondre un : oui, mon lieutenant, ou un : non, mon lieutenant qui revenait sans cesse.

» J'avoue entre nous que cela ne m'était nullement désagréable. Bien au contraire. J'étais dans la situation d'esprit et dans l'ordre d'idées d'un enfant qui a un beau joujou tout neuf : ou même d'hommes déjà murs, de vieux enfants aussi, qui finissent par loucher, tant ils regardent avec obstination le petit ruban rouge, bleu ou vert qui fleurit depuis peu à leur boutonnière.

» Enfin, j'étais prêt au moment où un avis conçu dans les termes suivants fut lu à l'appel du soir : « Demain matin, le régiment montera à cheval à huit heures et se rendra en armes au lieu ordinaire de ses réunions, pour reconnaître M. Arnaud, promu sous-lieutenant. »

» Vous devinez sans peine qu'il me fut absolument impossible de fermer l'œil de la nuit, tant la perspective de commander un peloton à moi tout seul me fouettait le sang et me grisait le cerveau. J'étais debout alors que tout le camp sommeillait encore, et sanglé de pied en cap au moment où, comme le dit l'immortel auteur des *Châtiments*,

La diane au matin fredonnait sa fanfare.

» Mon uniforme de sous-officier, dont le galon d'argent avait disparu, ne faisait pas du tout mauvaise mine sous les insignes nouveaux qui le décoraient. J'avais déjà la tournure d'un officier de l'avant-veille et ne semblais pas, et pour cause, sortir de l'étalage d'un confectionneur. Les tons brillants de l'or neuf étaient éteints. Ils s'harmonisaient parfaitement avec le drap vert un peu défraîchi de ma tenue numéro un, cette tenue dite de fantaisie, la terreur et la joie des sous-off qui ont un colonel pointilleux.

» Il semblait vraiment que le soleil, qui dorait en ce moment la pointe des minarets, brillât pour moi seul. Mon sabre battait mes mollets avec ce joyeux cliquetis d'acier si agréable aux oreilles du vrai troupier. Mes éperons pétillaient avec ce petit tintement aigu d'étincelle, et mon casque, au cimier éblouissant, reflétait d'aveuglantes fulgurations.

» Telle est du moins l'impression que je me produisis à moi-même, au moment où je me dirigeai vers le campement des chevaux.

» La tradition veut que le premier factionnaire qui porte les armes à l'officier récipiendaire reçoive de lui une gratification. J'avais, conformément à la coutume, mis dans la poche de mon pantalon une pièce de cinq francs destinée à cet usage.

» Le factionnaire, habitué à me voir maréchal des logis, ne remarqua pas ma nouvelle tenue et me regarda passer en souriant, appuyé sur son fusil. Bien qu'il connût, comme tout le monde, ma nomination et qu'il me vit paré de mes insignes, il resta hésitant quelques secondes. Le garde d'écurie, voyant cette hésitation de son camarade, saisit un balai, se campa au port d'arme et me rendit les honneurs avec cette arme insolite.

» — Très bien ! m'écriai-je en éclatant de rire. Toi, du moins, tu n'as pas perdu la tête. La récompense t'appartient. Tiens, voici pour boire.

» — Merci, mon lieutenant, » fit l'homme, joyeux, en empochant la pièce, qui fut incontinent transformée en une série de grands et de petits verres.

» Les trompettes sonnèrent le boute-selle. Le régiment se rendit en armes sur une esplanade où se passaient ordinairement les revues. Les dragons se rangèrent par pelotons, en face du colonel. Un de ces pelotons n'avait pas d'officier. C'était celui dont j'allais incessamment prendre le commandement. Je me tenais derrière, immobile et droit sur ma selle comme une statue équestre.

» Le colonel était à soixante mètres de la ligne de bataille, son état-major derrière lui. Un adjudant à sa gauche lui servait d'aide de camp.

» Sur l'invitation qui m'en fut faite, j'allai me placer à sa droite.

» — Garde à vous !... commanda-t-il.

» Sabre !... main !...

» Trompettes !... ouvrez le ban !...

» Adjudants, sous-officiers, brigadiers, dragons et trompettes, vous reconnaitrez pour votre sous-lieutenant M. Arnaud, ici présent, et vous lui obéirez en tout ce qu'il vous commandera pour le bien du service et l'exécution des règlements militaires !...

» Trompettes !... fermez le ban !... »

» Le cœur me battait à rompre, mes oreilles tintaient et je voyais trouble, quand le colonel, après la formule sacramentelle, me salua de son sabre et me donna l'accolade.

» — Lieutenant, me dit-il ensuite, allez prendre le commandement de votre peloton. ».

« La cérémonie était achevée. Nous défilâmes de nouveau musique en tête et rentrâmes à la pension des officiers.

» Mon capitaine, un charmant homme, autant que bon soldat, m'arrêta sur le seuil et me dit :

« — Ah çà ! mon cher lieutenant, il ne faut pas que la gloire vous empêche de penser au solide. Vous avez de l'argent à toucher. Les mandats sont prêts. Il ne vous reste plus qu'à passer chez le trésorier, qui, séance tenante, vous comptera les espèces.

» — Mon capitaine, répondis-je, je n'aurai garde d'y manquer. Je vous avouerai même, entre nous, que le plus tôt sera le mieux.

» — Eh bien ! mon cher, allons déjeuner. Êtes-vous en appétit? Moi, les émotions me creusent. Vous m'avez rajeuni de quinze ans. Aussi vais-je manger comme quatre. »

» Nous pénétrâmes dans la grande salle où tous les officiers du régiment prenaient en commun leurs repas.

» En garnison, les capitaines mangent à part. Les lieutenants et les sous-lieutenants sont ensemble ; mais, en campagne, nous étions organisés en *mess*. Chacun versait ses vivres de campagne et payait en proportion de son grade.

» Le colonel, qui était tout naturellement président de la table, me fit asseoir à sa gauche. Je mangeais à peine, tant ce changement, aussi rapide qu'imprévu, m'avait bouleversé, en m'arrachant brusquement à des habitudes déjà anciennes.

» Je pus alors me rendre compte de l'admirable sentiment qui unit entre eux tous les officiers de l'armée française. J'étais hier pour eux le premier venu, un inconnu. Aujourd'hui, que sans transition aucune j'étais digne de devenir un des leurs, ils m'ouvraient leurs bras, leurs cœurs, leurs bourses.

» Quel exemple pour tous ces voraces que nous voyons à chaque instant, évoluer dans la vie, sans autre préoccupation que celle de s'entre-dévorer : artistes qui se méconnaissent entre eux, gens de lettres qui se déchirent, politiciens qui se traînent mutuellement dans toutes les fanges, auxquels la basse envie et le désir de mal faire servent de trait d'union et de mot de ralliement pour faire le vide autour d'eux… qui, enfin, non contents d'être des médiocrités haineuses, ne savent plus que se serrer les uns contre les autres pour arrêter l'essor des jeunes et vilipender ceux qu'un réel talent met un jour en évidence.

» Mais ici, quelle différence ! Du moment où j'étais digne d'être leur collègue, je devenais par cela même leur ami. Tous pour un, un pour tous.

» C'est qu'aussi, vous le savez comme moi, messieurs, l'homme, quel qu'il soit, en devenant officier, est tenu à cette collectivité d'honneur qui se perpétue de génération en génération, et à laquelle nul ne peut manquer sous peine de déchéance immédiate.

» Si, chose extraordinaire, un des membres de la grande famille se laisse aller à une action que réprouve le code d'honneur, solidarité oblige. On s'impose de mutuels sacrifices et l'on paye les dettes si le mal est réparable. Si le coupable a commis un crime, on lui envoie un pistolet dans sa prison !

» Telle était, messieurs, l'armée française à l'époque où j'avais l'honneur d'en faire partie. Telle je la retrouve aux heures du péril qui menace la patrie. Telle elle sera toujours, j'en suis sûr.

» Après ce mémorable déjeuner, où l'appétit me fit complètement défaut, je passai chez le trésorier, qui me compta, en beaux louis d'or, mille francs de première mise, cinq cents francs d'entrée en campagne et quarante-cinq francs composant ma masse de sous-officier.

» Véritable fortune par ces temps de détresse, dont l'habituelle dureté était encore augmentée par un vieux levain d'ancienne colère paternelle.

» — Vous avez, me dit mon capitaine, quarante-huit heures de congé pour vous équiper. C'est plus qu'il ne vous faut. Allez à Constantinople. Vous trouverez tout ce dont vous avez besoin à Péra et à Galata. Rien ne vous presse, et la journée de demain suffira largement à vos emplettes.

» Il y a ce soir une fête en votre honneur, et vous ne pourriez être de retour pour ce moment. »

» La nuit vint, et la soirée qui succéda à un dîner plantureux fut charmante, folle, inouïe. L'on s'amusa comme des fous ou comme des gens jouissant de leur reste. La campagne qui commençait promettait d'être longue et pénible, eh ! ma foi, c'était bien ou jamais le cas de le dire :

A la guerre comme à la guerre. Pour combien d'entre nous, hélas! cette aubaine fut la dernière!

» Les cerveaux étaient montés à un diapason totalement inusité. Je ne sais plus quel est celui qui eut l'idée diabolique de proposer un baccarat. J'avais été joueur pendant ma vie d'étourdi, et si j'avais depuis longtemps dépouillé le vieil homme, ma pénurie avait seule amené ce faux semblant de conversion.

« Mes quinze cent quarante-cinq francs brûlaient littéralement ma poche. Je résistai une heure.

« Quinze cent quarante-cinq francs! ce chiffre m'agaçait. La pièce de cinq francs surtout m'exaspérait, car elle avait le tort impardonnable de détruire l'harmonie d'un compte rond.

« Je risquai la pièce de cinq francs, et, le plus naturellement du monde, je la perdis. Les quarante derniers francs de ma masse de sous-officier devaient être également sacrifiés. Je ne devais plus avoir rien de commun avec ce grade inférieur. Bref, les mauvaises raisons ne manquèrent pas pour les jeter sur la table.

« Je perdis encore.

« Je voulus alors lasser la Fortune, oubliant que l'infidèle comble rarement de ses faveurs le même homme deux fois en un seul jour.

« Aussi, je m'emballai. Je jouai comme un enragé, sans faire attention aux pertes ni aux gains, sans même penser à m'arrêter. Ce fut une ivresse, un vertige que tous les joueurs comprendront.

« Quand, le lendemain matin, je rentrai dans ma tente, les yeux rougis, la tête lourde, le corps brisé, je n'avais plus un sou !

« Je demeurai anéanti, et de vagues pensées de suicide commencèrent à surgir dans mon cerveau affolé. Car, enfin, comment entrer en campagne, puisque je ne possédais pour équipement que ce que je portais sur moi.

« Avant de tenter un effort désespéré, je voulus demander conseil à mon capitaine, qui connaissait les ressources dont je disposais à Paris, et dont la bonté à mon égard ne s'était jamais démentie.

« Je lui expliquai loyalement ma situation.

« — Diable, fit-il soucieux, la chose est grave. Ce ne sont pas des conseils qu'il vous faut, mais de l'argent, ou tout au moins les moyens de sortir d'embarras.

« J'ai en poche tout juste cinq cents francs. Prenez-les. Ce sera pour les effets de petit équipement. Mais, mon pauvre ami, vous n'irez pas bien loin avec si peu.

« Il vous faut un mulet, des cantines, une tente, un harnachement, que sais-je encore !

« Le cheval m'embarrasse moins. Je puis à la rigueur vous prêter ma bonne jument Fatma, que j'ai ramenée d'Afrique. Vous connaissez ses qualités exceptionnelles ; aussi, ménagez-la bien, n'est-ce pas. Je n'aime pas à prêter mes chevaux, mais il faut à tout prix vous débrouiller et gagner du temps.

« Tiens, une idée. Si je demandais à l'officier payeur un mois de solde d'avance. Eh ! parbleu, voici le moyen trouvé.

« Allons, tranquillisez-vous. Tout cela va s'arranger. Ces jeunes gens, ça perd la tête à propos de rien ! »

« Je serrai les mains de l'excellent homme sans pouvoir articuler un mot de gratitude. L'émotion m'étranglait. La sueur ruisselait sur ma figure. Je fouillai machinalement dans la poche de ma tunique et je retirai mon mouchoir pour m'éponger le front.

« Un objet, auquel je ne fis pas attention, sortit en même temps de ma poche et tomba avec un petit bruit sec. Je reconnus le cadeau de mon pauvre soldat, le sac à tabac que le condamné à mort m'avait remis en me disant adieu pour toujours.

« — Qu'est-ce ? demanda le capitaine. Oh ! les adorables dessins, et le mignon travail d'enfant ou de fée. »

« Je lui expliquai brièvement la provenance de l'objet de son admiration, et son étonnement ne connut plus de bornes.

« Il ouvrit machinalement le sac et reprit :

« — Tiens ! de l'or. Deux louis ! Comment diable s'y trouvent-ils ? »

« Je ne comprenais rien moi-même à la présence de ces deux pièces d'or composant présentement toute ma fortune.

« Je me rappelai enfin qu'au moment où l'or ruisselait devant moi sur la table en fauves cascades, j'en avais mis une pleine poignée dans ma poche pour obéir à un vague instinct de conservation. Précaution rendue bientôt inutile d'ailleurs par ma déveine persistante. Le sac était sans doute entr'ouvert et les deux louis s'y glissèrent par hasard.

« C'était la seule hypothèse admissible.

« Mon capitaine resta songeur pendant quelques secondes.

« — Vous êtes joueur, reprit-il, moi aussi. Vous devez par conséquent être superstitieux. Je ne le suis pas moins. On jouera encore ce soir. Risquez vos quarante francs. Allez de l'avant. Que vous importe, en somme, d'avoir deux louis de plus ou de moins!

« Mon cher ami, vous avez là une belle martingale... »

Une formidable détonation coupa la parole au narrateur. La joyeuse fanfare du réveil en campagne se fit entendre aussitôt. Notre nuit de veille était terminée.

Nos voisins de tranchée, les marins, avaient l'habitude de saluer le retour du jour d'un coup de canon, dont l'obus s'en allait fouiller un point suspect.

Le capitaine Arnaud se leva, boucla son ceinturon, rabattit sur ses épaules le capuchon de sa criméenne et se prépara à quitter la tranchée.

— Mais la fin, capitaine, s'écrièrent d'une seule voix les auditeurs désappointés.

— La fin... Mais, il n'y en a pas. Tout est bien qui ne finit pas.

« J'ai su me débrouiller en temps et lieu, puisque, aujourd'hui 24 décembre 1870, j'ai le plaisir de me trouver avec vous par 18 degrés au-dessous de zéro.

« Ma parole, le thermomètre radote...

— Capitaine, c'est mal de nous laisser ainsi à cheval sur un dénouement.

« Allons, ne faites pas comme Scheherazade. Qui sait si nous pourrons vous entendre demain !

« Nous vous en prions. Un seul mot. Le dernier.

— Eh bien ! soit. Nous avons encore cinq minutes pendant que nos pauvres troupiers roulent leurs couvertures et bouclent leurs sacs.

« Je suivis le conseil du capitaine-commandant. Je retournai au jeu le soir même. La fortune fut plus prodigue encore dans ses faveurs qu'elle n'avait été aveugle dans ses rigueurs.

« Je gagnai, tout compte fait, *quinze mille cinq cent quarante-cinq francs.*

« Vous voyez la martingale.

« Je pus, vous le concevez sans peine, faire honnête figure et me procurer tout le nécessaire sans faire tort au superflu.

« Quant à l'argent qui me resta, il fut consciencieusement dépensé avec les camarades.

« Le présent du condamné à mort m'avait servi de talisman.

« La dernière épaulette du pauvre soldat avait sauvé la première de l'officier. »

# D'ORLÉANS A TANGER

(SOUVENIRS D'UNE EXCURSION AUX PYRÉNÉES ET AU MAROC)

I

Faux départ. — Pourquoi je n'allai pas en Algérie. — En route pour les Pyrénées. — L'Eden de l'ancien chercheur d'or. — Les Traboucayres. — Première étape.

Ce voyage, une simple excursion, fut une véritable odyssée. Epouvanté — le mot n'a rien d'exagéré — par les gelées et les neiges tardives du dernier hiver, j'avais résolu d'aller passer quelques semaines en Algérie.

Je faisais ainsi, comme on dit vulgairement, d'une pierre deux coups. Je narguais les engelures et je donnais à ma vieille passion pour la chasse une légitime satisfaction.

Aussitôt dit, aussitôt fait. Je trace un vague

itinéraire comprenant en principe Oran, Alger et Constantine, tout en me réservant de le modifier à l'occasion et de battre les buissons entre ces trois grandes étapes.

Voici mes malles bouclées, mes armes emballées. Mes amis, prévenus, m'attendent là-bas. Je n'ai plus qu'à prendre l'express d'Orléans, Toulouse, Port-Vendres, et à m'embarquer pour Oran sur un de ces admirables steamers de la Compagnie Transatlantique, dont j'ai conservé un si excellent souvenir.

Je me suis arrangé de façon à disposer de quelques jours que je veux passer, en traversant les Pyrénées-Orientales, près de mon excellent ami Cazals. Cazals, mon compagnon d'aventures en Guyane, l'intrépide chercheur d'or dont le nom est familier aux lecteurs du *Journal des Voyages* et qui est aujourd'hui un riche propriétaire du Roussillon.

Je pars demain matin...

Mais, de même qu'il suffit d'un grain de sable pour arrêter net le mouvement d'une machine prête à fonctionner, de même aussi l'incident le plus futile peut modifier instantanément les projets les plus minutieusement élaborés.

Mon grain de sable, à moi, fut une aiguille, une simple aiguille qui, plantée toute droite dans le tapis de ma chambre à coucher, s'enfonça traîtreusement dans mon pied nu, où elle disparut presque entièrement.

L'extraction de ce maudit brimborion d'acier fut difficile autant que douloureuse, et je dus, tout en maudissant cet empêchement de la dernière heure, conserver pendant quatre jours une complète immobilité.

C'est ainsi que, en arrivant à Perpignan avec quatre jours de retard, j'appris que le bateau à vapeur de Port-Vendres à Oran venait de larguer ses amarres. Il me fallait donc attendre près de huit jours le paquebot suivant.

J'avais bien la ressource de prendre sans désemparer le train de Cette à Marseille. J'étais bien sûr de trouver dans notre grande rade méditerranéenne de nouveaux moyens de transport. Mais je n'aurais pas vu Cazals, et je tenais absolument à remplir vis-à-vis de lui un double devoir d'affection et de gratitude.

Cazals habite ordinairement la jolie ville de Céret, mais d'une façon moins effective que platonique. En sa qualité de montagnard endurci, sa résidence de prédilection est Saint-Laurent-de-Cerdans, un village de la Catalogne Française, pittoresquement accroché aux flancs des Pyrénées, à quelques enjambées de la frontière espagnole.

On comprend facilement que Saint-Laurent, étant donnée sa position topographique, ne saurait être desservi par le chemin de fer. Je dois, en conséquence, demander aux diligences de Perpignan leur antique et incommode procédé de locomotion pour atteindre le retiro de mon ami.

En route dans ce véhicule d'un autre âge qui s'ébranle avec son fracas de portières et sa sonnerie de grelots?

Je ne puis, hélas! jeter qu'un coup d'œil furtif sur le Boulou, le Vichy du Midi, et je passe, sans même voir l'église du douzième siècle et son admirable portail de marbre blanc, une merveille.

Voici Céret, avec son Pont-du-Diable, construit aux temps héroïques, Amélie-les-Bains, ses thermes Romains, Arles-sur-Tech, son monastère du dix-huitième siècle et son église du douzième, et je débarque enfin à Saint-Laurent après dix heures d'une course enragée, agrémentée de cahots qui m'ont littéralement moulu.

Je ne conseillerai jamais à un voyageur de se reposer de trente-six heures de chemin de fer par dix heures de diligence.

Mais aussi, quel dédommagement à mes déboires de la première heure! Il y a deux jours à peine que j'ai quitté mon Orléanais, où la pluie alterne si désagréablement avec la neige et la gelée, et me voici en plein pays du soleil.

Sur le ciel d'un bleu intense se profilent à l'infini les croupes arrondies des montagnes brunes, couvertes de châtaigniers d'où émergent, comme des braises ardentes, les toitures rutilantes des métairies. En face, le mont Capel, encore empanaché de brumes qui se dissipent lentement, arc-boute ses assises puissantes jusqu'aux premières maisons du village. De son flanc profondément raviné, descend, avec des miroitements d'acier, une rivière babillarde, aux eaux glacées.

De l'autre côté, le Canigou, un géant couvert de neige, dresse à perte de vue ses cimes immaculées, où s'ébattent en paix les isards et les perdrix blanches.

Puis, des montagnes, encore et de tous côtés des montagnes qui se chevauchent bizarrement et apparaissent, doucement estompées de ces jolis tons brun-roux produits par les feuilles mortes.

Çà et là serpentent en lacets d'étroits chemins aboutissant à de vastes coupures que l'on voit rougeoyer au milieu des escarpements. Ces plaies béantes qui saignent aux flancs des monts, sont d'anciennes carrières de minerai de fer.

Ces exploitations formaient jadis une industrie lucrative, eu égard à l'opulence de ces minerais.

Mais, depuis longtemps déjà le bruit des martinets n'emplit plus l'énorme vallée, les forges sont muettes, les fourneaux éteints. L'industrie du fer est en sommeil.

Pourquoi ?...

Tel est le spectacle qui s'offre à mes yeux ravis, au moment où je pénètre dans l'hospitalière maison de mon ami.

Je fais honneur, avec un appétit de voyageur, à un de ces festins plantureux dont la province possède seule le secret, puis nous partons sans désemparer pour ma première excursion. Je n'ai pas le loisir de me reposer, le temps presse, la curiosité m'aiguillonne.

Nous voici dans la rue. Je demandais de la couleur locale. Je suis servi à souhait. Le soleil, un vrai soleil de printemps éclaire de lueurs crues les maisons aux tons violents, aux toitures en briques semi-circulaires surplombant les rues étroites, macadamisées d'ocre rouge.

De ces demeures toutes centenaires sortent de sonores éclats de gaité, quelques ronrons de guitare et de bruyantes conversations patoisées dans cette langue retentissante qui est le roman dérivé du latin populaire au moyen âge.

Portes et fenêtres sont ouvertes. Heureux habitants du pays du soleil !

De temps en temps, apparaît un frais minois coiffé du petit bonnet catalan, pendant que s'avancent, silencieux comme des ombres, quelques passants chaussés d'espadrilles, ceinturés d'écarlate, et coiffés de la barattina de laine rouge crânement inclinée sur le côté.

On s'attendrait volontiers, en présence de toutes ces nuances éclatantes, à un véritable vacarme de couleurs. Il n'en est rien. Le vermillon des tuiles, l'ocre des chaussées, l'écarlate des coiffures, le bistre des murailles s'harmonisent à souhait. Seulement, la gamme de ces couleurs est haussée de plusieurs tons.

Mais quel tapage emplit soudain la place de l'Église ? Pourquoi ces cris, ces bousculades, ces éclats de folle gaité, ces bonds, ces reculades ? Je m'approche et découvre, à ma profonde surprise, au milieu d'un triple cercle de curieux, un bœuf haut encorné, au mufle luisant, qui souffle violemment et frappe avec rage le sol de ses pieds de devant.

Chacun l'excite à l'envi. L'une secoue sa barattina devant ses yeux, un autre le pique de son bâton, un troisième lui sangle l'échine d'une branche de houx, un quatrième, un fantaisiste, lui lance à la tête une outre vide. Et l'infortuné quadrupède, amarré par les cornes à une longue corde, se démène comme un furibond, cabriole au milieu du cercle, galope de l'un à l'autre, frappe l'air de coups inutiles, et s'empêtre dans l'outre à laquelle il s'acharne.

Les huées, les rires, les cris redoublent. Le bœuf, empoigné à la queue par un torero amateur, devient comme enragé. C'est en vain qu'il redouble d'efforts. Son bourreau ne lâche pas prise ; ce qui fait délirer les assistants jusqu'à la fureur.

J'apprends alors que cet honnête ruminant va tout à l'heure être mis à mort par un boucher de la localité, mais cette transformation d'un animal plein de vie en aloyau, rumstek ou filet ne saurait s'exécuter, comme chez nous, sans un peu de mise en scène. On promène en conséquence, à travers le village, le bœuf avant de l'abattre, de façon que chacun puisse l'exciter et se procurer en petit les émotions d'une course de taureaux.

Allons la course est finie. Le bœuf prend le chemin de l'abattoir et les accidents se bornent à quelques fonds de culotte arrachés, à quelques genoux souillés de poussière rouge.

Les choses se passent quelquefois d'une façon moins pacifique. On me cite à ce sujet l'exemple d'un pauvre diable qui, il y a deux ans, fut tué raide d'un coup de corne.

Notre promenade se continue par une visite aux prairies magnifiques, plantées de beaux arbres fruitiers, à une châtaigneraie en pleine exploitation et à un moulin dont la roue, alimentée par le torrent, emplit le ravin de son tic tac monotone.

Cette minoterie primitive n'est rien moins que confortable. Une case lépreuse, noire, enfumée rappelant plutôt une officine de charbonnier, dans laquelle se pressent un meunier également noir ou tout au moins noirâtre, qui ne connaît pas un mot de français, une femme atteinte d'un commencement de goitre, et une ribambelle d'enfants.

Tout ce personnel, interloqué à notre aspect, évolue au milieu de bottes d'oignons, d'épis de maïs, d'animaux domestiques, d'ustensiles baroques en piètre état.

Première ombre au tableau splendide offert par la nature. Ce ne sera pas la dernière.

Nous continuons le lendemain par une chasse dans la montagne. Malheureusement le gibier est très rare. Cazals, en veine d'optimisme, pronostique pourtant le succès.

Nous quittons le village dont l'altitude est déjà de 660 mètres, et nous commençons à escalader les pentes. Notre chemin — quel chemin, grand Dieu ! — est le lit desséché d'un torrent incliné à 45 degrés. Mais, patience ! ceci n'est rien, paraît-il. Nous traversons des châtaigneraies, puis nous montons encore... nous montons toujours !

Mon cœur sursaute furieusement dans ma poitrine trop étroite, mes jambes s'engourdissent, la sueur m'aveugle.

En avant ! s'écrient mes compagnons aussi frais qu'au départ, et qui sourient en me voyant transpirer comme un alcarazas.

La nature du sol se modifie bientôt. A la maigre terre végétale succède un bouleversement chaotique de granits rouges déchiquetés, ravinés, des anfractuosités desquels émergent des chênes verts rabougris.

Ce ne sont que précipices où grondent les torrents, que fondrières détrempées en une boue sanglante, que corniches à peine assez larges pour poser le pied. Nous sommes collés comme des insectes aux flancs d'une muraille à pic.

Il s'agit, paraît-il, d'atteindre un piton solitaire dont le sommet semble absolument inaccessible. Bientôt les chênes verts et les granits rouges disparaissent pour faire place à des roches grises, pelées, lavées, auxquelles s'accrochent, par un prodige de végétation, des buis, des genièvres, des bruyères, des genêts épineux, des thyms, des sauges.

Encore un effort ! Nous sommes arrivés. Ce que j'avais pris pour un pic, est un vaste plateau qui, par une pente insensible, nous conduit, de l'autre côté, jusqu'au bord du ravin au fond duquel se brise la Muga.

La Muga est une rivière qui sépare en cet endroit la France de l'Espagne. Un torrent, plutôt, qui a été souvent rougi de sang humain.

Sans parler des luttes assez fréquentes entre douaniers et contrebandiers français et espagnols, rappelons que les carlistes engagèrent en cet endroit, avec les troupes du gouvernement, des luttes furieuses, et que pendant quatre ans consécutifs, les échos de la sauvage vallée ont répercuté les détonations des armes à feu, et les cris de triomphe ou d'agonie.

Admirablement agencées par la nature pour offrir à l'homme un refuge inaccessible, les gorges de la Muga ont aussi, pendant de longues années, servi de théâtre aux exploits des « *Traboucayres* ».

Confinés dans des grottes où nul ne pouvait pénétrer, ces hidalgos de grand chemin, dignes émules des bandits de l'Apennin, descendaient chaque nuit de la montagne et venaient s'abattre comme un vol de rapaces sur les maisons isolées, les métairies, et même sur les villages.

Toujours par monts et par vaux, toujours admirablement renseignés sur les ressources locales ou sur la qualité des voyageurs, grâce aux intelligences qu'ils possédaient partout, il était rare que leurs excursions ne fussent pas fructueuses.

Le vol à main armée était pour eux la moindre des choses, et ils en endossaient gaîment toutes les conséquences. C'est-à-dire que, le cas échéant, la vie humaine comptait pour peu de chose.

Entre temps, ils menaient joyeuse existence, grâce aux prélèvements opérés sur les contribuables terrifiés. Nul ne pouvait, d'autre part, se vanter d'avoir vu leurs visages, car ils « opéraient » toujours masqués, bien que la rumeur publique accusât tel ou tel qui, sans aucunes ressources, étalait un luxe insolent.

On les voyait à Céret, à Perpignan, à Figueras, à Gerone, à Barcelone. Ils occupaient les premières places au théâtre ou aux courses de taureaux, semaient l'or à pleines mains, et disparaissaient brusquement.

— Ceux-là sont des Traboucayres, disait-on tout bas, en tremblant.

C'était tout. Notez bien que ces exploits de réprouvés se continuèrent depuis 1845 jusqu'à 1850, en dépit des efforts de l'autorité. Les gendarmes français et les carabiniers espagnols aidés de détachements militaires faisaient également buisson creux. Si d'aventure ils parvenaient à joindre les bandits, la rencontre était terrible.

Ces derniers exécutaient à bout portant une décharge de leurs « *trabucos* » à canons courts, évasés en entonnoir et remplis jusqu'à la gueule de balles et de chevrotines. Les assaillants mitraillés, tombaient comme les épis sous la faux, et les Traboucayres — le lecteur devine aisément l'étymologie de leur nom, tiré de celui de leur arme — se dérobaient par des chemins impraticables connus d'eux seuls.

Un lourd cauchemar d'épouvante planait sur l'admirable vallée catalane, sans que nul pût ou voulût sérieusement s'y soustraire. Les métayers, toujours sous le coup d'une menace de mort en cas de dénonciation, toujours à la veille de voir leurs bâtiments incendiés ou leur bétail égorgé s'ils n'approvisionnaient pas les gredins pendant leurs expéditions, se taisaient, épouvantés, et voyaient peu à peu la ruine faire place à l'abondance. Un certain nombre préféraient se faire tout simplement complices.

Un dernier exploit des Traboucayres les perdit.

Un jeune homme de dix-sept ans, nommé Massot, appartenant à une des plus riches familles de Saint-Laurent-de-Cerdans, revenait en diligence de Barcelone, où il avait achevé ses études. La dilligence fut arrêtée près de la frontière par des hommes masqués, et le collégien fut emmené dans une grotte située sur le versant sud du ravin de la Muga, — du côté espagnol, par conséquent.

On espérait tirer de lui une opulente rançon. Sa

mère, en proie à une mortelle épouvante, reçut en effet, le lendemain matin, une lettre dans laquelle on exigeait, pour la mise en liberté de son fils, une somme de cinquante mille francs. Le versement devait s'opérer entre les mains d'un tiers, près de la métairie de Pla-Castaigné, et ne pouvait souffrir aucun retard. Passé un délai assez court, le prisonnier serait égorgé.

La malheureuse mère fit appel à toutes ses ressources et ne put réunir que vingt-cinq mille francs. Sans perdre un moment, et espérant, grâce à cet acompte, faire patienter les bandits, elle partit seule, trouva l'intermédiaire, lui remit la somme et promit d'apporter le reste dans deux jours.

Douze heures après, madame Massot recevait un petit paquet qu'elle ouvrit en frémissant. Deux lignes d'une écriture inconnue étaient tracées sur un papier ensanglanté : « Si demain, à pareille heure, nous n'avons pas cinquante mille francs, nous vous enverrons la *seconde !*

Au fond du paquet se trouvait une oreille humaine !...

Héroïque comme toutes les mères, madame Massot ne perdit pas courage. Elle réalisa tout son avoir, opéra des prodiges, se procura la rançon de son pauvre mutilé et porta la somme au sinistre entremetteur.

De mémoire d'homme les Traboucayres n'avaient manqué à leurs engagements. Les prisonniers étaient renvoyés après avoir payé, ou égorgés dans le cas contraire. La mère du jeune captif était donc en droit d'espérer son retour.

Elle reçut le lendemain une seconde oreille accompagnée de cette phrase effroyable : « Cinquante mille francs de suite, sinon vous allez recevoir son cœur !... »

Elle tomba comme foudroyée et fut prise d'un transport au cerveau.

La mesure était comble. L'indignation fut cette fois plus forte que l'épouvante. L'autorité s'émut, une expédition s'organisa séance tenante et des volontaires arrivèrent de tous côtés pour renforcer la troupe.

En même temps se présentait au commissaire de police un berger, qui s'offrait de conduire l'expédition à une caverne dans laquelle il avait vu quelquefois pénétrer des rôdeurs, et d'où étaient sortis depuis deux jours des cris déchirants.

Cet homme pouvait être un traître. On s'assura de sa personne. Une bonne récompense lui fut promise en cas de succès, ou une balle dans la tête s'il conduisait à un piège les vengeurs du jeune Massot.

La montagne fut aussitôt cernée, et la chasse aux bandits commença. Elle fut pénible, mais courte. Le guide, sûr de son fait, mena ses compagnons à travers des escarpements que seuls les plus intrépides montagnards purent affronter. On atteignit enfin une sorte de corniche serpentant au flanc d'une roche à pic et à peine suffisante pour poser le pied. Au-dessous, se trouve un abîme au fond duquel roulent les eaux du torrent. Un seul homme pourrait défendre ce passage contre un régiment.

Heureusement, les bandits croyant leur refuge inaccessible, ont négligé de poser des sentinelles.

La corniche se trouve obstruée par un bouquet de buis et d'ajoncs.

— C'est là ! murmure le guide à voix basse.

Les chasseurs d'hommes apprêtent leurs armes, et le premier écarte doucement le buisson, puis bondit intrépidement dans une grotte dont les ramilles dissimulent l'entrée.

— Rendez-vous ! crie-t-il d'une voix tonnante.

Ses compagnons se précipitent sur ses traces. Les Traboucayres, surpris dans leur sommeil, sont saisis et garrottés en un moment. On cherche le jeune Massot, mais hélas ! on ne trouve que son cadavre encore tiède, et percé de neuf coups de couteau !...

La capture des bandits des gorges de la Muga produisit dans le pays une joie que l'on comprend sans peine. Leur affaire s'instruisit, et huit d'entre eux furent condamnés à mort et exécutés tant à Céret qu'à Perpignan.

L'instruction révéla une particularité singulièrement douloureuse, relative à la mort du jeune Massot. Les misérables avaient à leur tour été volés par leur intermédiaire, qui, à deux reprises, après avoir détourné les versements opérés par la mère, avait laissé croire que celle-ci se refusait à payer.

— Voici la grotte des Traboucayres, me dit Cazals, en dirigeant son fusil sur le buisson que j'apercevais, jauni par le vent et la pluie, incrusté aux roches, de l'autre côté du ravin.

Je tressaillis malgré moi, et il me sembla entendre, dominant les hurlements de la sinistre rivière, les appels désespérés de la dernière victime des Traboucayres.

Nous revenons à la métairie de Pla-Castaigné, située à huit cent cinquante mètres d'altitude. Je parlais tout à l'heure, à propos de ma visite au moulin, d'une première ombre projetée sur ce magnifique paysage pyrénéen. A la vue de la métairie, cette ombre devient plus épaisse.

Je n'ai peut-être jamais vu de misère plus complète, alliée à une malpropreté plus repoussante. Extérieurement, la maison ne manque pas de pittoresque, avec sa toiture basse, formée de briques convexes, et dont les tons vermillonnés ont été atténués par le soleil et la pluie. Ses murs fauves, plaqués de teintes brunes, accrochent les rayons lumineux sous lesquels ils semblent flambloyer.

Mais quelle désillusion aussitôt l'enclos franchi! C'est d'abord un cloaque fangeux dans lequel il faut s'envaser avant d'arriver à l'escalier branlant qui donne accès à la pièce principale, surélevée de deux mètres et demi. De grands porcs noirs décortiquent en grognant des épis de maïs, ou croquent avec sensualité des châtaignes souillées de fange.

Ils pénètrent sur nos talons dans cette salle plus sombre, plus enfumée qu'une hutte de charbonniers. Le plancher qui n'a jamais été balayé, j'allais dire curé, est recouvert d'ordures innomées. L'ameublement se compose d'un grand coffre en forme de cercueil, d'une huche mal équarrie luisante de crasse, de deux chaises boiteuses et d'une table massive ajustée à la diable. Des légions d'araignées ont élu domicile sur les murailles tapissées d'un séculaire enduit de suie. Dans un coin, un monceau de genêts desséchés servant à alimenter le foyer d'où s'échappe une fumée épaisse. Une porte branlante, disjointe, prête à s'effondrer, crie à chaque coup de vent sur ses gonds rouillés et claque le long de son châssis. Il n'y a pas de fenêtre, mais une large baie ouverte dans la muraille, et que l'on ferme avec un volet pendant la nuit, ou quand le froid est trop vif. J'ai aperçu dans un renfoncement une sorte de lit, un misérable grabat !

Devant la cheminée grelotte, entouré de fumée, l'aïeul centenaire. Sourcils hérissés, œil éteint, barbe grise emmêlée, mains jaunies à tisonner sans cesse, figure résignée de travailleur qui se sent mourir à la peine. Puis quelques enfants aux joues roses sous leur crasse, et leur mère, pauvre créature atteinte d'un goitre, nous regardent curieusement. Je suis presque honteux de nos habits, qui offrent un si douloureux contraste avec leurs haillons, et mon cœur se serre en voyant leur pain de sarrasin dont ne veulent pas nos chiens !

Nul parmi ces déshérités n'entend un seul mot de français. Je n'ai jamais rien vu de tel, même en Guyane. Là, du moins, la case du noir est propre. Le carbet du Peau-Rouge ne manque pas d'un sauvage confort. La nourriture de ces primitifs habitants de la forêt vierge est abondante et variée. Je puis dormir sous leur toit, partager leur repas, échanger une pensée avec eux......

La chasse fut déplorable. Je m'y attendais. Encore eus-je le bonheur d'abattre, après cette course enragée, un lièvre et deux perdreaux rouges, et sauver l'honneur du pavillon des chasseurs beaucerons.

II

Nouveau mécompte. — A la poursuite d'un bateau à vapeur. — Lutte de vitesse entre un steamer et un train de chemin de fer. — Aux grands maux les grands remèdes. — En chebec. — Un descendant des boucaniers. — Tempête. — Algésiras. — Tanger.

Mes instants sont comptés et je dois, après quelques jours passés dans la plus charmante intimité, m'arracher à cette hospitalité si fraternellement offerte. Les chevaux de la diligence piaffent en agitant leurs grelots. Au revoir et en route !...

Je m'arrête à Perpignan seulement le temps d'absorber le déjeuner offert par mon excellent ami D..., préfet des Pyrénées-Orientales, et me voici à Port-Vendres.

Là m'attend le plus ennuyeux de tous les mécomptes. Sur la foi d'un indicateur offrant toutes les garanties d'authenticité, j'arrivais à trois heures avec le légitime espoir de m'embarquer à cinq. L'agent de la Compagnie Transatlantique n'eut pas de peine à me faire revenir de mon erreur. Le bateau à vapeur était parti depuis dix heures !

Que faire ? Ma foi, au lieu de perdre mon temps en lamentations stériles, je pense que le bateau fait escale à Barcelone, puis au Grao, le port de Valence et à Carthagène avant de toucher à Oran, et qu'en prenant la ligne côtière de chemin de fer, je puis arriver à le gagner de vitesse et le rejoindre à une de ces trois stations. Dans tout autre pays j'eusse réussi. Mais allez donc compter sur ces chemins de fer poussifs qui se meuvent comme des cloportes sur les réseaux de la Péninsule !

C'est en vain que je franchis sans désemparer Barcelone, Tarragone, Valence, Chinchilla, Murcie, et que j'absorbe près de huit cents kilomètres pour arriver à Carthagène. Le guignon me poursuit. Le Transatlantique a repris sa route depuis une demi-heure.

Je crois que pendant tous mes voyages il ne m'est jamais arrivé de pester d'aussi bon cœur.

Mais, comme les récriminations ne m'avancent pas d'un millimètre, mon parti est bientôt pris. Quelle que soit mon envie de visiter Carthagène, je me mets séance tenante à la recherche d'un bâtiment en partance pour Oran. Si je n'en trouve pas, eh ! pardieu, j'en fréterai un. Aux grands maux les grands remèdes.

Je m'adresse au capitaine du port, qui jargonne le français comme une génisse de l'Estramadure, et je lui expose mon cas dans un castillan encore inférieur à son français.

Nous finissons pourtant par nous entendre. Il me propose des « lliauts », petits bateaux de pêche à demi pontés et pourtant une seule voile accrochée à une antenne démesurée. Il y aurait imprudence à m'aventurer sur une pareille coquille de noix.

— Voulez-vous « ouna polacra » ? dit-il en me montrant un trois-mâts à pible et à voiles carrées d'environ trois cents tonneaux.

— C'est trop grand, et le capitaine va me demander un prix exorbitant.

— Préférez-vous « ouna falouca » ?

— Va pour la felouque !

— Tiens ! vous avez de la chance.

— Pas possible ! Alors, c'est la première fois depuis mon départ.

« Expliquez-moi donc pourquoi.

— C'est que la *Santa-Catalina* est sur rade, et que si vous pouvez décider son patron à partir, vous aurez affaire au plus vaillant marin du port.

Il me désigne alors un petit chebec du port d'environ quatre-vingts tonneaux, amarré au quai.

Nous n'avons que la peine de franchir le pont volant qui relie le bâtiment au quai, nous nous trouvons à bord.

Je suis tout d'abord séduit par la méticuleuse propreté du petit navire méditerranéen, chose rare sur un bâtiment de commerce, surtout de nationalité espagnole. Un mousse allongé sur une claire-voie dont les cuivres luisent comme de l'or se lève à notre aspect et nous conduit à la chambre du capitaine.

— Señor Escualdunac (1), dit mon obligeant cicérone, voici un voyageur français qui désire se rendre à Oran. Voulez-vous l'y conduire ?

Le marin répond simplement, dignement à mon salut, darde sur moi son œil clair, m'inventorie en deux secondes de la cime à la base et répond d'une voix rude, mais chaude et sympathique :

— Cela dépend.

« Avez-vous le cœur et le pied marins ? Avez-vous déjà navigué ?

— Deux traversées opérées de Saint-Nazaire à Cayenne et du Havre à Sierra-Leone sans malaise et sans embardées vous semblent-elles suffisantes ?

« Mais pourquoi cette question ?

— C'est que le vent d'Est fraîchit et qu'avant peu la houle sera dure.

— Bah ! qu'importe un peu plus, un peu moins de tangage ou de roulis. Un voyageur doit être prêt à tout... sinon il doit rester chez lui.

— Bien. Puisqu'il en est ainsi, nous appareillerons le plus tôt possible.

---

(1) Littéralement : Monsieur le Basque. Les Basques, dénommés par les Espagnols Cantabri, Vasos, Vascongados, se donnent à eux-mêmes le nom d'Escualdunac, formé de trois mots tirés de leur langue : *Escu*, main, *alde*, adroite, et *dunac*, qui ont ; c'est-à-dire : *Hommes adroits*.

« Rien ne m'arrête en ce moment... je dors sur mon lest et cette petite promenade à Oran me fera plaisir en votre compagnie.

« J'aime les Français et je suis à moitié votre compatriote, en ma qualité de descendant de Michel le Basque, le compagnon de l'Olonnais.

Ce nom des deux intrépides boucaniers, fièrement prononcé par le capitaine de la *Santa-Catalina*, fait passer comme une flamme ardente à travers tout mon être, et évoque un monde de souvenirs : L'île de la Tortue, le sac de Maracaïbo, la ruine de San-Antonio de Gibraltar, l'incendie de San-Pedro et de Puerto-Cavallo, que sais-je encore !

Comme vient de le dire l'officier du port, ma bonne étoile réapparaît enfin.

— Capitaine, repris-je, veuillez fixer le prix de mon passage.

— Quinze douros (78 fr. 50), répondit-il brièvement en homme connaissant le prix du temps.

Et comme je tirais mon portefeuille pour le payer séance tenante, il fit un geste de refus et ajouta :

— Quand vous serez arrivé à Oran.

Il envoya sans plus tarder deux des cinq hommes composant l'équipage chercher mes bagages et fit orienter la voilure par les autres.

Au bout d'une demi-heure, tout était paré. Je serrai la main au capitaine du port, puis : En route !

A peine avons-nous perdu de vue la rade et sa forêt de mâts, que la *Santa-Catalina* se met, suivant les prévisions du marin, à rouler terriblement. Mais, aussi, elle file comme un oiseau de mer, légitimant une fois de plus ce dicton maritime : Grand rouleur, grand marcheur.

— Nous filons neuf nœuds ! (un peu plus de seize kilomètres et demi) me dit avec orgueil le Basque en fumant une éternelle cigarette

« Dans quinze heures, si tout va bien, vous débarquerez à Oran, en mettant cinq heures seulement de plus que le bateau à vapeur.

— Je suis d'autant plus heureux de vous avoir rencontré, capitaine, répondis-je, que j'aime par-dessus tout la navigation à voiles, et que cette traversée, opérée sans trépidation d'hélice, sans escarbilles, sans l'horrible odeur de la machine, comptera pour moi parmi les plus agréables.

Le capitaine, flatté dans son amour-propre de mangeur d'écoutes endurci, m'entama un long panégyrique de la manœuvre à voiles en général, et de son navire en particulier

Il le commandait depuis dix ans déjà, faisait de fréquents voyages dans le Levant, opérait de véritables tours de force de vitesse, et tout en faisant à l'occasion un tantinet de contrebande, arrivait à narguer les douaniers avec un bonheur constant.

Malheureusement, mes connaissances nautiques, très élémentaires, ne me permettaient pas d'apprécier les manœuvres que me décrivait complaisamment mon interlocuteur, mais j'admirais de confiance, et il semblait ravi.

Je crus pourtant devoir lui faire remarquer, sans toutefois me permettre la moindre observation, que, eu égard au petit nombre d'hommes d'équipage et à l'intensité de la brise, le bâtiment offrait au vent une surface de toile considérable.

— Ah!... ah!... répondit-il en souriant, cela vous étonne...

« Mais veuillez remarquer que mes mâts sont à *pible* (1) comme ceux de la plupart des navires du Levant, et que toutes les hautes voiles peuvent ainsi être amenées vivement sur l'avant des voiles inférieures et trouver aussitôt un abri.

Cette dissertation technique se prolongea indéfiniment, et je bénis, malgré l'intérêt qu'elle me causait, l'arrivée du mousse annonçant que le dîner était servi.

Le señor Escualdunac se restaura lestement, en homme qui ne peut se résoudre à quitter la manœuvre, et me laissa en compagnie de flacons vénérables, attestant un éclectisme raisonné en ce qui concerne l'aménagement judicieux d'une cambuse.

Puis je remontai à mon tour sur le pont, et nous

(1) Les mâts à pible n'ont ni barres ni hunes et forment un tout continu depuis et y compris les bas-mâts jusqu'aux plus élevés. L'avantage de ce système, c'est qu'on peut amener vivement, sans être obligé de les serrer, les voiles hautes que rien n'arrête.

reprîmes une interminable conversation à bâtons rompus, à laquelle mon Basque se prêta avec une complaisance extrême.

Nous marchions depuis cinq heures, et la brise fraîchissait encore, quand tout à coup le capitaine pousse un cri strident et s'élance à la barre en expectorant une série de rugissements, des commandements, sans doute, auxquels je ne comprends pas un mot.

Puis, j'éprouve une indéfinissable sensation d'effondrement, et je me cramponne machinalement à un étai du mât d'artimon.

En même temps, une véritable trombe d'eau s'abat sur le pont, et un craquement terrible se fait entendre.

Le chebec reste un moment allongé sur le côté, comme un animal frappé à mort par un coup imprévu. Il y a un instant d'angoisse terrible. Mais un coup de barre redresse aussitôt le petit navire, les hautes voiles s'abattent en un clin d'œil, la lame embarquée s'écoule par les dalots, tout péril est écarté, il y a plus de peur que de mal.

Mais les flots grossissent à vue d'œil. Les nuages s'épaississent, le jour s'assombrit, le vent fait rage, et il me semble que nous ne faisons plus la route.

Toujours cramponné à mon étai, ruisselant comme un dieu marin, j'attends la fin de la manœuvre, puis je m'avance vers le capitaine, en m'accrochant au bastingage, tant les mouvements du bateau sont désordonnés.

— Une saute de vent, me dit-il brièvement, sans que j'eusse voulu l'interroger.

» Nous fuyons devant le temps... Nous arriverons quand il plaira à Dieu...

» Vous ferez bien de descendre... Il ne fait pas bon ici, et vous pouvez être enlevé par un paquet de mer.

» Je réponds de tout... autant que le permettent les prévisions humaines.

J'obéis docilement. C'est ce que j'avais de mieux à faire.

Il arrive assez fréquemment que le terrien qui se trouve à traverser une tempête éprouve le besoin de faire son petit roman. J'en ai entendu un certain nombre raconter qu'ils n'ont pas voulu quitter le pont... qu'ils se sont fait amarrer à un mât, et qu'ils ont voulu jouir de la vue du météore dans toute sa sublime horreur. Des gens de lettres ont également reproduit leurs impressions d'une plume inspirée, en insistant sur l'amarrage classique, et l'admiration que leur fermeté a inspirée à l'équipage.

Je ne crois pas un traître mot de tout cela, et les matelots ont bien autre chose à faire que de s'extasier devant un monsieur qui veut jouer au héros. Cela fait très bien à distance pour « épater le bourgeois », comme on dit vulgairement, mais cela n'est nullement de mise sur le pont d'un navire en péril.

Je redescendis simplement à la chambre, je

passai des vêtements secs, et je me couchai prosaïquement, ce dont le capitaine me sut un gré infini.

Enfin, bien que le navire continuât à exécuter une sarabande folle, je finis par m'endormir. C'était bien naturel, puisque je n'avais pas fermé l'œil depuis mon départ de Saint-Laurent-de-Cerdans, après avoir été cahoté pendant dix heures en diligence, et brouetté dans le chemin de fer espagnol depuis la frontière jusqu'à Carthagène.

Je ne fis qu'un somme pendant douze heures.

Le capitaine entra brusquement, chaussé de grosses bottes de mer, m'éveilla.

— Tiens ! fit-il, étonné, vous dormez encore ?

» C'est très bien, cela... très bien... très bien...

— Dame ! il me semble que je n'avais guère mieux à faire. Je ne suis pas marin, moi.

» A propos, où sommes-nous ?

— Je dois vous annoncer tout d'abord que nous fuyons toujours devant le temps...

— Diable !

— ... Avec une vitesse de treize nœuds à l'heure.

— Exactement vingt-quatre kilomètres soixante seize mètres, si je ne me trompe.

» Et nous marchons ?

— Droit sur Gibraltar !

— Hein ! dites donc, ça n'est guère le chemin pour aller à Oran...

— Impossible de faire la route.

— Je n'en doute pas.

— J'ai dû me maintenir au large sous peine d'être drossé à la côte et voir mon navire en miettes.

» Si, comme je le crains, ce coup de vent continue, nous serons forcés de nous réfugier dans la baie d'Algésiras.

— Soit! En sommes-nous éloignés?

— Ce sera à peu près l'affaire de sept heures.

— Allons, murmurai-je à part moi, ça va bien, et la série de mes déboires continue.

Naturellement, l'ouragan ne fit que croître et embellir, et ce n'est pas au bout de sept heures, mais bien seulement après dix heures que nous eûmes connaissance de Gibraltar.

Je commençais à me demander sérieusement quand et comment j'irais en Algérie, et je fis part de mes appréhensions au capitaine.

— Heu!... heu!... me répondit-il avec son sang-froid désespérant, le coup de vent durera bien quatre jours encore, puis la mer restera démontée pendant au moins deux jours.

» Cela nous prendra six jours, plus la traversée d'Algésiras à Oran que vous pouvez évaluer au moins à quarante heures.

— Mais, cela fait encore une semaine de perdue et mon temps est limité.

— Ah! si au lieu d'aller à Oran, cela vous était égal de débarquer à Tanger... le Maroc, pour le voyageur doublé d'un chasseur, vaut bien l'Algérie.

— Tiens! c'est une idée.

» Après tout, pourquoi pas !... Je ne connais personne au Maroc, et je suis au moins certain d'y trouver de l'imprévu.

» Capitaine, c'est entendu : Nous allons à Tanger.

— Va bien ! Monsieur, je me fais fort de vous y conduire en trois heures, ou je ne veux plus jamais de ma vie commander : Pare à virer !

Bientôt après le chebec embouquait le détroit de Gibraltar, où il trouvait des eaux relativement plus calmes, mettait le cap directement sur Tanger, et les trois heures n'étaient pas encore écoulées que nous apercevions les maisons blanches de la cité marocaine.

## III

Aspect de Tanger. — La foule. — Les rues. — A l'auberge. — Rencontre. — Mohammed mon turco. — Ses marchandises. — Odyssée d'un fourrier indigène. — Départ pour l'intérieur.

A peine sommes-nous au mouillage que j'aperçois une bande d'Arabes à demi nus et dont le costume rudimentaire se compose de haillons sordides, s'avancer ayant de l'eau jusqu'aux hanches, en poussant des clameurs furibondes.

— Dites donc, capitaine demandai-je au Basque, nous prennent-ils pour des forbans, ou plutôt ne sont-ils pas eux-mêmes des pirates qui veulent nous enlever à l'abordage ?

— Rassurez-vous... Ils n'ont aucune mauvaise intention et bien loin de vouloir nous prendre quoi que ce soit, ils vont nous donner quelque chose.

— Et ce cadeau de bienvenue sera ?...

— Des poux !...

— Pas de plaisanterie! Je n'ai pas la moindre envie de me voir habité par une légion de parasites.

— Bah! Vous ferez comme moi, car je vous accompagne à terre pour vous conduire dans une « auberge » où vous ne serez pas trop mal.

« Nous allons descendre dans une de ces barques qui viennent pour nous transporter au rivage et arrivés à une trentaine de pas, nous nous hisserons sur les épaules de chacun de ces bonshommes en terre cuite, car les embarcations ne peuvent pas accoster.

« A moins que vous ne préfériez vous faire tremper!

— Bon! je comprends... c'est pendant ce trajet à dos d'homme que la vermine va s'incorporer à nous.

Les choses se passèrent comme l'avait dit le capitaine. Je me vis soulever par un grand diable qui m'assit sans façon sur ses épaules, et je fis mon entrée peu triomphale, à califourchon sur un fils du Prophète, et les mains appuyées sur un crâne rasé, luisant comme une calebasse.

Cinq minutes après nous enfilions une des portes de la ville et nous débouchions dans une ruelle fétide qui nous conduisit à une place sur laquelle se trouve l'auberge où je dois faire élection de domicile.

..... Je n'ai nullement l'intention de décrire par le menu la vieille ville dont nombre de voyageurs ont dépeint la physionomie, ni les types que les peintres ont vulgarisés parmi nous.

Il me suffit d'une courte promenade pour retrouver ces types familiers, ces aspects orientaux bien connus, et ce réalisme par trop accentué des hommes et des choses.

Le lecteur ne saurait m'en vouloir de ne pas m'appesantir sur ce fouillis de ruelles tortueuses, encombrées de légumes pourris, de tessons, de boîtes à conserves, de chiffons, de chats crevés, de chiens en décomposition, et d'où s'exhalent des odeurs affreuses, auxquelles se mêlent des senteurs d'ail, de fumée de kif, de poisson, de benjoin, d'aloès brûlé.

L'incurable paresse et le fatalisme du musulman ignorent les plus élémentaires notions d'hygiène.

Peu importe d'ailleurs aux habitants l'aspect écœurant de ces voiries. Les maisons blanches, sans fenêtres, et percées seulement d'une porte bâtarde à peine suffisante au passage d'une personne, n'ont pas de façade sur la rue. Aussi, ces rues semblent-elles, parfois, d'interminables couloirs, au-dessus desquels se découpe une bande azurée du firmament. A peine si de loin en loin une arcade mauresque vient rompre la monotonie de cette surface blanche, ou encore une large bande rouge au bas des murailles, ou quelque main peinte en noir sur une porte pour conjurer le mauvais œil.

La grande rue de Tanger, qui est pour ainsi dire l'unique voie digne de ce nom, traverse la ville entière et coupe la place principale où se trouvent les modestes habitations des consuls.

C'est là que l'on rencontre le « Tout-Tanger » si bien analysé par l'Italien E. de Amicis dont il me sembla relire le croquis si plein de vérité.

Rien de curieux et d'étrange, comme l'aspect de ces hommes uniformément vêtus de longs manteaux de laine ou de toile jadis blancs, transformés en haillons sordides et superlativement odorants.

Les uns se meuvent lentement, gravement, sans bruit, comme s'ils voulaient passer inaperçus ; les autres se tiennent assis ou accroupis le long des murs, au coin des maisons, devant les boutiques, les yeux fixes, comme les peuples pétrifiés de leurs légendes.

Puis, cette foule qui de loin paraît uniforme, se révèle de près sous une incroyable multiplicité. On assiste au lent défilé de faces noires, blanches, jaunes ou bronzées, de têtes ornées de longues touffes de cheveux, de crânes rasés, luisants et bleuâtres. On voit évoluer des hommes secs comme des momies portant à la ceinture un arsenal, des vieillards horriblement décrépits, des femmes enveloppées de la tête aux pieds de loques sans forme et sans nom, des enfants avec leurs tresses tordues... des visages de sultans, de sauvages, de nécromanciens, d'anachorètes, de bandits, d'êtres opprimés par une tristesse incommensurable ou un fatalisme mortel.

Très peu ou, pour mieux dire, nul ne souriant, et tous allant, les uns derrière les autres, compassés, mornes, silencieux, comme des spectres !

Le peu d'activité que l'on puisse trouver dans ce pandémonium oriental, s'est concentré sur la place des consulats. La vie d'un de nos cantons un jour de marché.

C'est une petite place rectangulaire dont le pourtour est garni d'échoppes arabes qui paraîtraient mesquines dans le plus pauvre de nos villages. D'un côté se trouve une fontaine entourée d'Arabes et de nègres toujours occupés à puiser de l'eau avec des outres et des cruches ; de l'autre côté, se tiennent tout le jour, assises par terre, huit ou dix femmes le visage voilé, vendant du pain.

Là, s'élèvent, avons-nous dit, les consulats très modestes, qui pourtant semblent des palais, au milieu des masures arabes. Là se trouve le seul marchand de tabac de la ville, la seule épicerie, le seul café qui n'est qu'une mauvaise chambre avec un billard, et le seul coin où l'on voie quelques affiches imprimées.

Là, enfin, se rassemblent les vagabonds loqueteux, les Maures découvrés, les juifs au profil de bélier qui causent d'affaires, les portefaix arabes qui guettent l'arrivée du paquebot, les employés des légations qui attendent l'heure du dîner, les étrangers qui viennent de débarquer, les interprêtes, les mendiants. C'est en ce lieu que se croisent le courrier arrivant de Fez, de Méquinez, de Maroc, avec les ordres du sultan, et le domestique venant de la poste avec les journaux de Londres ou de Paris ; la femme du ministre et la favorite du harem, le bichon havanais et le chameau du désert, le turban et le chapeau de soie ; les ritournelles d'un piano qui s'échappent des fenêtres d'un consulat, et la cantilène lamentable qui sort en nasillements horripilants de la porte d'une mosquée...

. . . . . . . . . . . . . . .

Depuis deux jours je me morfondais dans l'incessante contemplation de ce spectacle dont j'avais été rassasié tout d'abord. Le capitaine Escualdunac était retourné à la côte espagnole. J'étais absolument seul, et je soupirais après l'inexprimable « quelque chose ».

Je rentrais à l'auberge pour déjeuner à la table ordinairement occupée par certains membres de la colonie Européenne, quand j'aperçus isolé, tout au bout, un Arabe qui, dès mon arrivée, se mit à me dévisager avec une singulière insistance.

J'allais m'asseoir et me livrer à l'absorption d'un horrible rata, empoisonnant l'ail et l'huile rance, quand l'Arabe se lève, me touche sans façon l'épaule du bout du doigt et me fait signe de sortir avec lui.

Très étonné, mais flairant une aventure, je l'accompagne jusque sur la place.

— Bonzour, dit-il en souriant à pleine bouche et en me tendant la main.

— Bonjour, répondis-je de plus en plus étonné. « Qui donc es-tu ?

— Mohammed!...

— Je ne suis guère plus avancé, car tout le monde s'appelle ici plus ou moins Mohammed.

— Ah! Ah! Tu m'reconnais pas...

« Moi, te r'connais bien.

» Toi, mazour Boussenard.

J'ai fait la campagne comme médecin aide-major auxiliaire, et je ne pus m'expliquer comment cet homme me donnait, après treize ans, ce titre que j'ai porté si peu de temps.

— Tu as meilleure mémoire que moi, car ton nom ne me rappelle rien.

— Ah! ah! ah! reprit-il en éclatant de rire, voyons, rappelle-toi, Mohammed, fourrier indizène au deuxième tirailloux...

« Un carottier, qu'a manzé la grenouille, que t'as empêcé passer en conseil de guerre...

» Moi-même!

— Pas possible!

» Comment! c'est toi, grand vaurien. Et que diable fais-tu ici ?... Je te croyais depuis longtemps fusillé, ou tout au moins condamné aux travaux publics...

— Pas si bête... Moi désertor après avoir envoyé oune ziffle à mon liotlenant...

« Ze viens çercer ici des marçandises.

— Ou faire la contrebande...

— Non... en payant, açeter vin de Bordeaux, cognac, apisinthe...

— Ah ! tu es négociant en liquides.

« Et la loi du Prophète, qu'en fais-tu?

— Macache Prophète !

— ... Et libre-penseur, si je ne m'abuse !

— Z'aime bon vin et liqueurs !...

« Macache le reste !

Je grillais d'envie d'apprendre par quel concours probablement étrange de circonstances, cette épave de notre armée d'Afrique se trouvait en pareil lieu. Nous rentrâmes après ce rapide colloque à la salle commune, nous absorbâmes lestement les drogues infâmes baptisées de noms retentissants et nous partîmes flâner à travers la ville.

..... J'avais rencontré, treize ans auparavant, dans des circonstances particulièrement dramatiques et douloureuses, — le jour de la bataille de Reischoffen, c'est tout dire, — un caporal de tirailleurs, le crâne fortement ébréché par la lame d'un sabre allemand. Je le fis retirer de la houblonnière au bord de laquelle il était allongé et le confiai à mon ami, le docteur D..., chef d'une ambulance divisionnaire. Quelques heures après, l'ambulance, avec son personnel et ses blessés, était capturée, par les Bavarois, au village d'Eberbach. Mon turco, emmené à Rastadt, s'évadait bientôt à peine guéri, et arrivait à Paris, je ne sais par quel prodige d'adresse et d'énergie, demander du service dans un régiment quelconque.

Le soir de la bataille de Champigny, on m'amenait, au bas du plateau de Villiers, un lignard le bras gauche en écharpe, et qui, sacrant comme un véritable païen, entremêlait ses jurons d'expressions arabes au moins singulières dans la bouche d'un fantassin.

— Ç'a-t-encore moi, mazour, dit-il pendant que j'inspectais le membre fracturé par une balle.

« Y m'ont fait piou-piou passe que y a pas ici tirailleurs... Ça empêçe pas moi flanqué bons coups fusil aux pruscos !

Cet Arabe que les hasards de la guerre mettaient ainsi deux fois en ma présence s'appelait Mohammed.

Je le ramenai à mon ambulance volante du 8° secteur, et j'eus le bonheur de lui conserver son bras. Il partit au moment de l'armistice, fut incorporé à l'armée de Versailles, et revint finalement au dépôt de son régiment, en Algérie, avec le galon de sergent.

Me trouvant à Constantine en 1873, j'appris, incidemment, de mon ami le capitaine H..., que son fourrier indigène allait passer sous peu devant un conseil de guerre pour s'être approprié, avec cette désinvolture qui caractérise l'Arabe, une partie des fonds de la compagnie.

— Ce gredin de Mohammed ne l'aura pas volé, ajouta le capitaine.

« C'est un bon soldat, j'en conviens, mais c'est

la troisième fois qu'il « barbotte » et ma foi, je ne veux plus combler de ma poche le déficit.

Bien que ce nom de Mohammed fût très commun là-bas, il éveilla en moi le souvenir de l'ancien combattant de Reischoffen et de Champigny.

— Si c'était lui ! me dis-je en aparté.

Je demandai à le voir. Le capitaine consentit à m'accompagner à la prison, et je reconnus sans trop de surprise, mon grand drôle, passablement inquiet sur les suites de son escapade.

L'ayant à deux reprises tiré d'un mauvais pas, je m'entremis activement pour lui sauver une troisième fois la mise. Je rappelai à mon ami ses bons services et sa bravoure. J'insistai sur le peu de sens moral des hommes de sa race en matière d'argent, je plaidai les circonstances atténuantes, bref, je réussis à obtenir qu'on fermât les yeux sur ce nouveau méfait.

Mohammed en fut quitte pour la perte de son grade, et il rentra dans le rang, après avoir solennellement juré par la barbe du Prophète qu'il ne recommencerait plus.

Je n'entendis plus parler de lui jusqu'au jour où il me reconnut à la table d'hôte de l'auberge marocaine.

On a bien raison de dire que tout arrive, dans la vie.

— Ainsi, lui dis-je, en nous promenant dans la grande rue, tu as déserté après quelque nouvelle fredaine.

« Tu avais pourtant juré de ne plus recommencer.

— Mais, z'ai pas manzé grenouille, encore une fois.

» Mon liottenant arbi m'a flanqué coup d'matraque passe que j'voulais pas loui donner oune poule çapardée... moi ripousté par ziffle.

» Liottenant voulait faire empoigner moi et passer devant conseil de guerre...

» Macache conseil... j'ai volé un mulet, et puis, au trot...

Mon drôle, après cette voie de fait qui eût pu le faire figurer devant un peloton d'exécution, réussit à gagner la Tunisie, où il fit tous les métiers, sauf le bon, naturellement.

Puis, s'étant embarqué comme matelot à bord d'un bateau où l'on faisait couramment la contrebande, il était venu s'échouer au Maroc, riche d'espoir et d'expédients, mais sans le moindre maravédis.

— Et maintenant? demandai-je après ce récit auquel je suis, à mon grand regret, forcé d'enlever toute sa saveur.

— Ze souis propriétaire !...

— Hein !... repris-je abasourdi.

— Oui, propriétaire.

» Z'ai travaillé... travail a réoussi... z'ai eu la çance... oune héritaze...

» Ze souis çef d'un douar... avec des tentes, des

bœufs, des vaçes, des çevaux, des méharis, des çameaux.

» Ze vis plus heureux qu'oune zénéral de division... ze bois du vin de Bourdeaux, ze mets du cognac dans mon café et ze prends l'apisinthe avant manzer.

— Mais, malheureux, à combien d'honnête gens as-tu coupé le cou pour occuper une pareille position?

— Pas si bête! Le sultan m'aurait fait asseoir sur paratonnerre de la grande mosquée.

— Tu fais la contrebande, alors?

— Non! te dis... souis propriétaire.

— Ton douar est-il loin d'ici?

— Houit zours à çeval.

— Il y a du gibier, dans tes parages?

— Sangliers dans les bois de lentiques, antilopes dans les sables, lièvres et perdreaux dans les çamps d'alfa...

» Z'ai des faucons et des sloughis...

» Tu aimes touzours la çasse, viens donc là-bas... Tu seras reçu comme un zénéral inspecteur.

— Diable! sais-tu bien que tu me donnes là des raisons auxquelles il est difficile de résister.

— Allons, tu viens... c'est promis.

— Je ne dis pas non... mais, laisse-moi réfléchir jusqu'à demain.

. . . . . . . . . . . . . . . . . . . . .

Le lendemain, je m'éveillai assez tard, selon mon

habitude, et après avoir lestement procédé à ma toilette, je me rendis à la chambre occupée par Mohammed pour lui dire que j'acceptais.

Le modeste retiro était vide.

— Diable! me dis-je tout décontenancé, le coquin s'est joué de moi et m'a fait poser comme un conscrit.

Je sortis de mauvaise humeur, attiré par des piétinements de chevaux et des clameurs enragées.

Jugez de mon étonnement en reconnaissant Mohammed, précédant une quinzaine d'Arabes armés jusqu'aux dents, et montés sur d'admirables chevaux de race qui piaffaient d'impatience devant la porte de l'auberge.

Des mulets, chargés de caisses, attendaient en formant un groupe placide encombrant littéralement les abords de notre demeure.

— Ah! te voilà, me dit en riant le « propriétaire ».

» Z'ai pas perdu mon temps. Tout est açeté, payé, emballé.

» Tu vois, mes hommes sont prêts à partir.

» Z'ai açeté aussi pour toi oune bonne zument et un mulet pour ton bagaze... et ze t'emmène.

— Tu as, pardieu! deviné, m'écria-je enchanté de l'aventure.

» J'accepte de grand cœur, et si tu ne m'as pas vanté les ressources que ton pays possède en gibier, je m'amuserai comme un demi-dieu.

Un quart d'heure ne s'était pas écoulé que mes bagages étaient hissés sur le mulet, je me mettais en selle, et je partais faire ma' première ouverture de chasse au Maroc.

# UNE ÉVASION

Marseillais et chasseur déterminé, l'un ne saurait aller sans l'autre ; Marius Plazanès était de plus un jeune ingénieur du plus grand mérite. Chargé par le gouvernement de la République Argentine de construire le tronçon de chemin de fer devant relier Mendoza à la ligne de Cordova, il habitait la *Pampa* depuis près de quatre mois.

Son entreprise marchait à souhait, et il voyait avec un légitime sentiment d'orgueil les deux rubans de fer s'allonger chaque jour, près de porter la richesse et la vie à cette pauvre ville de Mendoza, perdue au pied de la Cordillère des Andes.

Il faisait deux parts de son existence. La première était loyalement consacrée à la surveillance de la pose des rails et des traverses, seule main-d'œuvre qu'exige la construction du chemin de fer Argentin, vu la parfaite horizontalité du sol. La seconde, on l'a deviné, était employée à de vertigineuses parties de chasse, que le *bredouille* n'avait jamais déshonorées.

Monté sur un splendide coursier des prairies, encore à demi-sauvage, à la robe tachetée comme celle d'un chien de chasse, aux jambes de cerf, au sabot de granit, Marius assez prudent d'ordinaire s'emballa un beau jour à la poursuite d'un *puma*, qu'il avait blessé d'un coup de sa bonne carabine Guinard. Le lion sans crinière rugissait de rage et de douleur, et le chasseur, désireux de rapporter la dépouille du roi de la Pampa dans la bastide paternelle, activait encore l'allure de son mustang qui filait comme une hirondelle.

Un sifflement aigu retentit soudain. Le cheval s'abat du coup, pendant que le cavalier, obéissant à l'impulsion, pique une tête à dix mètres et reste évanoui. Avant que le pauvre garçon fût revenu à lui, quatre Indiens s'élancent des hautes herbes, le bâillonnent, lui attachent les pieds et les mains, tranchent en même temps le *bolas* que l'un d'eux avait adroitement lancé aux jambes du mustang et qui avait déterminé sa chute.

Marius, insensible comme un cadavre, est chargé sur sa monture que l'un des ravisseurs conduit par la bride. Les autres s'éloignent un moment et reviennent bientôt avec chacun un cheval, volé sans doute, et s'enfoncent de nouveau dans l'interminable sahara de verdure dont les herbes gigantesques s'étendent à cent lieues à la ronde. Après quatre heures d'un galop furieux, les auteurs de ce rapt audacieux s'arrêtent salués par les cris de joie de toute leur tribu dont les membres arrivent en dansant une gigue échevelée autour de l'infortuné qui reprend seulement ses sens et entrevoit comme dans un cauchemar l'épouvantable réalité.

Il est prisonnier des Indiens! L'esclavage l'attend. Mieux vaudrait la mort pour lui. Les sinistres aventures racontées par les hommes de son équipe lui reviennent à l'esprit. Pendant dix, quinze, vingt ans, des Européens ainsi enlevés, ont été forcés de subir la plus dégradante servitude imposée par ces Peaux-Rouges aussi féroces, mais mieux avisés que leurs congénères de l'Amérique du Nord.

Pour enlever à l'ingénieur toute possibilité d'évasion, le sorcier de la tribu, tortionnaire sans diplôme, lui fait tout d'abord, sous la plante du pied droit, une légère incision partant du gros orteil jusqu'au talon. Cette incision n'intéresse que le derme et pénètre à la couche musculaire, de façon à laisser au prisonnier une certaine faculté de mouvement, mais aussi à lui interdire forcément les longues marches.

Cette ingénieuse précaution prise, une liberté relative est laissée à Marius, à la condition toutefois qu'il pansât les chevaux de ses tyrans, qu'il broyât du grain, fît la cuisine, et servît de bonne d'enfant, ou plutôt de souffre-douleur à tout un clan d'affreux marmots, déjà féroces comme père et mère..

Ses occupations quotidiennes empêchant la plaie de se fermer, il lui est impossible de songer à la fuite. Et les jours succèdent aux jours, trop heureux quand les mégères, — il doit servir aussi les femmes — ne viennent pas à grands coups de corde en rompre la désespérante uniformité. . .

Une année s'est écoulée. Bien que deux tentatives d'évasion aient été récompensées par un surcroît de travail accablant, Marius n'en concentre pas moins toutes les facultés de son être sur un seul but : la liberté !

Que de fois, l'œil plongé dans l'infini du ciel et de la plaine, ne rêva-t-il pas les plans les plus invraisemblables ! Que de fois, en regardant les condors gigantesques planer à perte de vue, plonger dans l'azur céleste comme les albatros dans les vagues de l'Océan, n'envia-t-il pas leurs ailes puissantes, dont quelques battements l'eussent emporté au pays de la liberté !

Marius était rêveur comme un mathématicien. Il s'était accoutumé à donner une réalité à ses fantaisies, un corps à ses pensées : l'habitude de dégager l'*inconnue* d'un problème au moyen des $x$. Il trouva un beau jour sa solution et garda, bien entendu, sa découverte pour lui.

Voici dans quelles circonstances l'occasion tant désirée se présenta. Un bœuf appartenant à la tribu mourut un beau matin piqué au mufle par un petit serpent dont il avait imprudemment troublé le sommeil. Les Indiens étaient alors campés au pied des premiers contreforts de la Cordillère des Andes. Le prisonnier, après avoir écorché le bœuf, obtint de ses tyrans l'autorisation de garder la peau pour son usage personnel, afin de s'en faire un matelas qui devait préserver son corps de la fraîcheur des nuits. Mais comme cette peau ne manquerait pas d'exhaler bientôt une épouvantable odeur, il la porta sur la montagne, soi-disant pour la faire sécher sans offusquer les odorats de Messieurs les Peaux-Rouges.

Cette délicate attention lui valut une demi-journée de vacance. Marius ne sourcilla pas à cette nouvelle qui allait décider de son sort. Impassible comme un dieu de pierre, il escalada lentement un piton de granit et s'arrêta au bout d'une heure d'ascension pénible sur une plate-forme, hors de la vue des Indiens. Les condors planaient à perte de vue, tirant leurs bordées, en décrivant des cercles immenses, courant, se dépassant, revenant, bref, s'amusant comme des habitants de l'Olympe un jour de congé.

De la rêverie, le captif passa à l'action. Il ficha dans une crevasse un pieu solide auquel il attacha un bout de son lasso, pourvu à l'autre extrémité d'un nœud coulant. Il étala ensuite la peau de bœuf sur le sol, le côté saignant exposé à l'air. Enfin, après l'avoir percée de deux longues ouvertures, il se plaça dessous, se coucha sur le dos, son nœud coulant à la main et attendit immobile et invisible. L'œil collé à l'une des fentes, il épiait anxieusement les condors. Ceux-ci, à la vue de cette masse sanguinolente, sentirent aussitôt tressauter leurs estomacs toujours en éveil. Ils se mirent à rétrécir leurs cercles, à tourner vertigineusement, et l'un d'eux, le plus gros, le plus goulu aussi, se laissa tomber comme une masse sur cette proie qui s'offrait à sa voracité.

A l'instant précis où l'oiseau enfonçait dans le cuir sa griffe puissante, le chasseur passa rapidement sa main par l'ouverture, lui empoigna la patte autour de laquelle il passa prestement le nœud coulant. Le géant des airs était prisonnier ! Malgré ses terribles soubresauts et ses formidables coups d'aile, il ne put se débarrasser du lasso, qui solidement attaché, l'étreignait comme un piège à loup. L'approcher était dangereux. Mais Marius lui ayant adroitement jeté sur la tête sa veste de cuir, l'obscurité dans laquelle il se trouva tout à coup le fit tenir tranquille. Le chasseur profita de ce moment de répit pour lui lier les pattes et les ailes et le porter dans une grotte. Encouragé par ce premier succès, il renouvela sa tentative, et telle est la stupidité de ces rapaces, qu'une heure ne s'écoula pas sans qu'un second oiseau, pris et ficelé par le même procédé, s'en allât tenir compagnie au captif de la grotte.

Mais quelle corrélation pouvait-il bien y avoir entre cette chasse pittoresque si l'on veut, et les aspirations de Marius vers la liberté? Patience! Marius, en garçon avisé, ne faisait rien à la légère. Comme il avait encore quelques heures de liberté, il tailla incontinent dans sa peau de bœuf une espèce de poche tenant le milieu entre le hamac et l'escarpolette, dont il réunit les pièces avec des lanières découpées sur les bords. Il assujettit ensuite cette poche au milieu de son lasso, comme une nacelle. Enfin, avec le cuir qui lui restait, il prit mesure à ses deux condors et leur confectionna séance tenante une sorte de harnachement en forme de gilet, qui tout en étant d'une solidité à toute épreuve, ne devait pas gêner leurs mouvements quand ils seraient en liberté.

Ces préparatifs terminés, il boucha l'entrée de la grotte et descendit au campement, et ne put, tant était vive son anxiété, fermer l'œil de la nuit. Le lendemain, sous le banal prétexte d'étirer son futur matelas, il reprit son ascension, en dissimulant sous ses vêtements deux énormes morceaux de chair.

Il portait en outre, sur son épaule, trois longs bambous, comme un pêcheur à la ligne ses inoffensifs engins. Il courut à la grotte, sortit ses prisonniers, et les débarrassa de leurs liens après leur avoir préalablement enveloppé la tête. Il put alors tout à son aise entrecroiser sur leur dos et leur poitrine les diverses pièces composant le harnachement confectionné la veille. Les deux géants, immobiles, les ailes étalées, étaient étendus sur le sol à six mètres l'un de l'autre, comme deux ballons dégonflés. L'ingénieur assujettit ensuite aussi solidement que possible aux harnais des oiseaux, les deux extrémités de son lasso au milieu duquel était accrochée sa nacelle de cuir. Puis, pour maintenir les condors toujours parallèles, et afin de les empêcher de s'écarter ou de se rapprocher, il fixa au lasso le plus long de ses bambous qui forma ainsi entre eux un joug inflexible. Cela fait, il attacha les deux morceaux de chair, au bout des deux gaules qui lui restaient, en prit une de chaque main et se plaça dans la nacelle. Enfin, après avoir déchaperonné d'un seul coup les deux rapaces, il leur mit la viande devant les yeux, comme s'il voulait leur donner la becquée.

Eblouis par le soleil, ils restèrent un instant immobiles et comme hébétés. Comme ils étaient à jeun depuis vingt-quatre heures, ils se dressèrent bientôt sur leurs pattes, et essayèrent d'attraper la pâture dont les tons rougeâtres les affriandaient. Mais Marius relevant à propos les deux perches, mit la friandise hors de leur portée. Ce supplice de Tantale leur fit essayer quelques tentatives de vol qui demeurèrent infructueuses, tant ils étaient encore alourdis et ensommeillés. Sans se décourager, Marius renouvela ses manœuvres, et finit par les mettre si bien en appétit, qu'ils arrivèrent cahin-caha au bord de l'abîme, battant de l'aile et faisant craquer leur bec. L'instant était solennel. Sans hésiter un moment, l'ingénieur s'élança hardiment, sans sourciller, comme un aéronaute qui crie : Lâchez tout !

L'appareil fit tout à coup une épouvantable culbute ! Marius tint ferme, et comme en somme les oiseaux ne sont pas faits pour tomber, les deux géants sollicités d'ailleurs par l'appât que leur conducteur leur présentait continuellement, coordonnèrent leurs mouvements, s'habituèrent à leurs entraves et s'élevèrent majestueusement dans les airs.

Mais, diront les sceptiques, il est impossible à deux oiseaux, quelle que soit leur taille, d'enlever un homme. Nous répondrons que ces condors mesuraient chacun environ six mètres d'envergure, ce qui n'est pas rare dans les Pampas ; que ces oiseaux emportent un mouton aussi facilement qu'un aigle un lièvre. Or le poids de Marius était à peine égal à celui de deux moutons des prairies, il n'est donc pas étonnant qu'il ait pu traverser la chaîne des Andes et descendre dans le Chili. Quant à la direction qu'il donnait à ses deux coursiers de l'air, le lecteur a depuis longtemps compris qu'en leur tenant obstinément leur déjeuner devant les yeux, les pauvres animaux volaient à perdre haleine à la poursuite de cette proie qui leur échappait sans cesse, et montaient ou descendaient suivant que leur conducteur élevait ou abaissait ses bambous.

La descente s'opéra sans encombre à la station de Santa-Rosa de los Andes. Je renonce à peindre la stupéfaction causée par cet événement. Marius permit enfin à ses auxiliaires d'absorber ce déjeuner qu'ils avaient si bien gagné, puis il leur rendit la liberté. Ce devoir accompli, il alla trouver le consul de France déjà prévenu de l'aventure. Cet aimable fonctionnaire accueillit notre héros avec la plus affectueuse cordialité, pourvut à tous ses besoins, et le fit partir séance tenante pour Santiago.

Marius Plazanès prit le premier paquebot et arriva en parfaite santé à Marseille. Il prétend avoir trouvé le moyen de diriger les aérostats. Qu'en pensera M. Dupuy de Lôme quand il aura lu : *Une évasion ?*

# UN EXILÉ

---

Je fis sa connaissance au Caire, il y a un an environ. Il répondait au nom belliqueux de Monsieur Achille. Le mot de *Monsieur* précédait invariablement son nom, comme celui de *Monsieur* Thiers. La langue et l'habitude ont de ces exigences.

Sa mère, une Maltaise de passage à Marseille, le mit au monde dans un galetas de la Cannebière. Son père, un Levantin pratique et sans préjugés, le pourvut d'un capital... négatif dont M. Dumas n'apprécierait guère le placement, mais qui a une grande valeur en Orient.

Préservé des passions, grâce à ce sacrifice peu coûteux à la première enfance, il crût en science et surtout en sagesse et procura à ses bons parents la satisfaction que peuvent donner les êtres ayant une vocation.

A dix-huit ans, sa position était faite. Il entra sans le moindre surnumérariat, mais après examen pourtant, comme fonctionnaire civil dans le harem de Sa Hautesse Abdul-Medjid-Khan.

Son emploi n'étant en butte qu'à de rares compétitions (la jeunesse est si perverse de nos jours), son existence s'écoula dans un calme absolu. Il apprit bien vite l'art difficile de plaire au maître, sans pour cela s'attirer l'animadversion du personnel féminin confié à sa vigilante sollicitude. Enfin, il acquit une telle sûreté de coup d'œil pour juger de la grâce, de l'attrait et des qualités d'une femme, que le sultan n'eut plus qu'à aimer de confiance. Aussi devint-il bientôt le surintendant général de ses plaisirs, en même temps que son commis-voyageur en beautés de toutes races et de toutes couleurs. Sa vie ne fut plus qu'un véritable va-et-vient.

Le Grand Seigneur, rassasié d'une Circassienne, voulait-il une Mongole? M. Achille ramenait bientôt un échantillon parfait de l'idéal caressé.

Fallait-il une Andalouse? L'infatigable pourvoyeur allait dans le pays des sérénades chercher une merveille, qu'il enlevait à prix d'or à quelque muletier avide et rageur.

Toujours insatiable, le sultan désirait-il une Suédoise, une Créole, une Madécasse, une Parisienne ou une Peau-Rouge? M. Achille ne connaissait pas d'obstacles. Il passait à la caisse, toujours ouverte pour lui, et partait séance tenante pour le glorieux pays de Gustave-Adolphe ou pour les régions calcinées où s'épanouit le palmier.

S'il le fallait enfin, on frétait un vapeur pour Tananarive ou la baie d'Hudson. Il revenait quand même et à tout prix ramenant un prodige.

Un seul mot le payait des peines endurées, des dangers courus, des fatigues supportées : le maître était content!... M. Achille n'aimait pas l'argent. C'était un grand artiste travaillant pour la gloire.

Tout allait donc pour le mieux, quand un beau jour Abdul-Medjid eut la colique après avoir bu du café et mourut un vendredi au retour de la mosquée. Comme les morts de la ballade, les sultans vont vite.

Abdul-Aziz-Khan son successeur, connaissant les mérites de M. Achille, lui conserva ses fonctions, le combla d'honneurs et de dignités. Les grandeurs n'altérèrent en rien la simplicité de sa mise et de ses manières. Qu'il fût au Pôle ou à l'Équateur, scrutant de son œil infaillible une Kamtchadale ou une Zanzibarienne, on le voyait invariablement vêtu de même costume suranné : habit bleu barbeau à boutons de métal, culottes de nankin, escarpins vernis, dans la tenue irréprochable d'un maître à danser d'il y a cinquante ans.

Le climat seul modifiait son ajustement qui se complétait au Pôle d'une fourrure et d'un parasol sous l'Équateur.

Ce modèle des fonctionnaires, qui semblait devoir vivre et mourir heureux, tomba en disgrâce, et, le croirait-on, il fut perdu par une femme, lui, le seul auquel on ne pouvait appliquer le fameux : *Cherchez la femme.*

La reine de Mohély avait envoyé depuis quelques mois à Abdul-Aziz une adorable négrillonne d'une dizaine d'années. M. Achille, qui ménageait une surprise au sultan, fort friand de cette couleur, surveillait avec amour son éducation. Elle fut bientôt familiarisée avec ses compagnes, dont elle imitait à ravir les minauderies. Les pâtes, les poudres, les essences, les cristaux, les brosses, les cosmétiques la ravissaient. Au point qu'on eût d'abord toutes les peines à l'empêcher d'avaler, comme des sorbets, les opiats et les savons, ou de boire les flacons d'odeurs, qui lui semblaient autant de variétés de nectar. Mais l'objet qui excitait en elle une ardente convoitise, était la poudre de riz. Elle ne pouvait comprendre l'incompatibilité de la veloutine avec sa peau d'ébène et poussait des cris assourdissants chaque fois que son mentor lui en interdisait l'usage. Le pauvre homme ne pouvait laisser accomplir un tel crime de lèse-toilette.

Un jour enfin, de guerre lasse, il la laisse faire. Je vous laisse à penser si elle s'en donna à cœur joie, si elle s'enfarina le front, les yeux, le nez, les oreilles, jusqu'aux cheveux. On eût dit Pierrot nègre.

— Ma pauvre enfant, disait M. Achille, vous êtes

atroce. Voyons, il n'y a pas de bon sens ; on dirait un charbonnier qui s'est roulé dans la farine.

Un charbonnier !... Ce mot fut un trait de lumière. Le cerveau de cet homme de génie venait d'enfanter une merveille. *La poudre de riz pour nègres* était trouvée !

Il fit fabriquer séance tenante une boîte d'ébène qu'il remplit de charbon réduit en poussière impalpable, parfumé d'essences de santal et de rose. Une magnifique houppe en plumes d'autruche noire compléta l'appareil dont la possession plongea la fillette dans le ravissement.

Il serait superflu de dire qu'elle en usa jusqu'à satiété, sans porter préjudice à sa beauté qui en reçut un lustre tout nouveau.

Tout alla bien d'abord, mais un jour que le sultan se rendait au Conseil, il passa par le harem. Frappé de la gentillesse de la petite négresse, il eut la fantaisie de prendre un à-compte sur les joies à venir et de manger du fruit vert. Elle venait de se poudrer outrageusement ! Tout entier à son bonheur, le monarque ne s'aperçut de rien, et il entra dans la salle où se trouvaient les ministres, comme un astre qui veut bien pour un moment condescendre à se laisser contempler.

Frappé des figures ahuries de ses familiers qui le regardaient d'un air interloqué, le maître leva la tête et vit sa propre image reflétée dans une glace.

Mais, par Allah ! quelle figure pour le représentant du prophète ! Les yeux, les joues, le nez, le front, étaient barbouillés de noir comme s'il eût frénétiquement embrassé une marmite !

Sa colère fut terrible !... La pauvre enfant fut fouettée jusqu'au sang, et la favorite d'un moment passa dans les cuisines.

Sa Hautesse était déjà d'une humeur massacrante; son coq favori, qu'il avait décoré du grand-cordon du Medjidié, avait été battu la veille par un anglais. Avec l'algarade du lendemain, c'en était trop. Il reçut vingt-cinq coups de fouet. Quant à Monsieur Achille, ses bons services lui évitèrent la bastonnade. Il croyait sentir sur son cou le froid du sabre du chaouch ou la pointe aiguë du paratonnerre de la mosquée lui pénétrer jusqu'au cerveau. Il en fut quitte pour la peur.

Il prit, le lendemain, le chemin de l'exil, en compagnie du pauvre coq, victime, lui aussi, de la fatalité.

*Sic transit gloria mundi !*

# TABLE DES MATIÈRES

Aux Antipodes . . . . . . . . . . . . . . . . . 1
  I. — Savants et antropophages. . . . . . . . . . 1
  II. — L'enfer du jeu . . . . . . . . . . . . . . 17
  III. — Un duel aux flambeaux. . . . . . . . . . 25
  IV. — Comment je forçai un kanguroo. . . . . . 34
Procès-verbal. . . . . . . . . . . . . . . . . . 53
Sous l'équateur (*La maman couleuvre*). (Episode d'un voyage en Guyane). . . . . . . . . . . . . . . 63
Une famille de tigres (Episode d'un voyage en Guyane). . . . . . . . . . . . . . . . . . . . 79
Le baromètre (Aventure dans le sud-ouest de l'Afrique) 97
La peine du talion (Episode d'un voyage en Guyane). 107
Un théatre dans l'Afrique équatoriale. . . . . . 117
La théière du Rajah . . . . . . . . . . . . . . 125
La première épaulette . . . . . . . . . . . . . 133
L'Orléans a Tanger (Souvenirs d'une excursion aux Pyrénées et au Maroc) . . . . . . . . . . . . 165
  I. — Faux départ. — Pourquoi je n'allai pas en Algérie. — En route pour les Pyrénées. — L'Eden de l'ancien chercheur d'or. — Les Traboucayres. — Première étape . . . . . 165

II. — Nouveau mécompte. — A la poursuite d'un bateau à vapeur. — Lutte de vitesse entre un steamer et un train de chemin de fer. — Aux grands maux les grands remèdes. — En chebec. — Un descendant des boucaniers. — Tempête. — Algésiros. — Tanger.  183

III. — Apect de Tanger. — La foule. — Les rues. — A l'auberge. — Rencontre. — Mohammed mon turco. — Ses marchandises. — Odyssée d'un fourrier indigène. — Départ pour l'intérieur. . . . . . . . . . . . . . .  195

UNE ÉVASION. . . . . . . . . . . . . . . .  209
UN EXILÉ . . . . . . . . . . . . . . . . .  219

EMILE COLIN. — Imprimerie de Lagny.

EXTRAIT DU CATALOGUE
DE LA
Librairie C. MARPON et E. FLAMMARION
RUE RACINE, 26, PRÈS L'ODÉON

## ŒUVRES DE CAMILLE FLAMMARION

Ouvrage couronné par l'Académie Française
# ASTRONOMIE POPULAIRE
Quatre-vingtième Mille
Un beau volume grand in-18 jésus de 840 pages
Illustré de 360 gravures, 7 chromolithographies, cartes célestes, etc.
Prix : broché, 12 fr.; — Relié toile, tr. dor. et plaque, 16 fr.
*Le même ouvrage, édition de luxe, 2 vol. gr. in-8°, 30 fr.*

## LES ÉTOILES ET LES CURIOSITÉS DU CIEL
DESCRIPTION COMPLÈTE DU CIEL, ÉTOILE PAR ÉTOILE,
CONSTELLATIONS, INSTRUMENTS, ETC.
Quarantième Mille
Un volume grand in-8° jésus, illustré de 490 gravures, cartes et chromolithographies
Prix : broché, 12 fr.; — Relié toile, tr. dorées avec plaque, 16 fr.

## LES TERRES DU CIEL
VOYAGE SUR LES PLANÈTES DE NOTRE SYSTÈME
et descriptions des conditions actuelles de la vie à leur surface
OUVRAGE ILLUSTRÉ
DE PHOTOGRAPHIES CÉLESTES, VUES TÉLESCOPIQUES, CARTES & 400 FIGURES
Un volume grand in-8°
Prix : broché, 12 fr.; — Relié toile, tr. dorées et plaque, 16 fr.

## LE MONDE AVANT LA CRÉATION DE L'HOMME
ORIGINES DU MONDE
ORIGINES DE LA VIE — ORIGINES DE L'HUMANITÉ
Ouvrage illustré de 400 figures, 5 aquarelles, 8 cartes en couleur
Un volume grand in-8° jésus
Prix : broché, 10 fr.; — Relié toile, tr. dor., plaques, 14 fr.
*Souscription permanente de ces ouvrages en Livraison à 10 centimes et en série à 50 centimes*

### ŒUVRES DE CAMILLE FLAMMARION (Suite)

## DANS LE CIEL ET SUR LA TERRE
### TABLEAUX ET HARMONIES
Illustrés de quatre eaux-fortes de Kauffmann
1 volume in-16 grand jésus. — Prix : 5 fr.

## LA PLURALITÉ DES MONDES HABITÉS
### AU POINT DE VUE DE L'ASTRONOMIE
DE LA PHYSIOLOGIE ET LA PHILOSOPHIE NATURELLE
33ᵉ édition. — 1 vol. in-18 avec figures. — Prix : 3 fr. 50

## LES MONDES IMAGINAIRES ET LES MONDES RÉELS
### REVUE DES THÉORIES HUMAINES SUR LES HABITANTS
DES ASTRES
20ᵉ édition. — 1 vol. in-18 avec figures. — Prix : 3 fr. 50

## DIEU DANS LA NATURE
### OU LE SPIRITUALISME ET LE MATÉRIALISME DEVANT LA SCIENCE
MODERNE
20ᵉ édition. — 1 fort vol. in-18 avec portrait. — Prix : 4 fr.

## RÉCITS DE L'INFINI
LUMEN. — HISTOIRE D'UNE AME. — HISTOIRE D'UNE COMÈTE.
LA VIE UNIVERSELLE ET ÉTERNELLE
10ᵉ édition. — 1 vol. in-18. — Prix : 3 fr. 50

### SIR HUMPHRY DAVY

## LES DERNIERS JOURS D'UN PHILOSOPHE
### ENTRETIENS SUR LA NATURE ET SUR LES SCIENCES
Traduit de l'anglais et annoté
7ᵉ édition française. — 1 vol. in-18. — Prix : 3 fr. 50

## MES VOYAGES AÉRIENS
### JOURNAL DE BORD DE DOUZE VOYAGES EN BALLONS, AVEC
PLANS TOPOGRAPHIQUES
1 volume in-18. — Nouvelle édition. — Prix : 3 fr. 50

BIBLIOTHÈQUE SCIENTIFIQUE POPULA
PUBLIÉE SOUS LA DIRECTION DE
**CAMILLE FLAMMARION**

LA
# CRÉATION DE L'HOMME
ET LES
PREMIERS AGES DE L'HUMANITÉ

Par H. du CLEUZIOU

OUVRAGE ILLUSTRÉ DE 400 FIGURES

5 GRANDES PLANCHES TIRÉES A PART, 2 CARTES EN COULEUR
1 volume grand in-8° jésus

PRIX : Broché................... 10 fr.
— Relié toile, tranches dorées, plaque. 14 fr.

---

## GUSTAVE LE BON

LES
# PREMIÈRES CIVILISATIONS
OUVRAGE ILLUSTRÉ DE 484 GRAVURES ET RESTITUTIONS
9 GRANDES PLANCHES TIRÉES A PART, 2 CARTES
1 volume grand in-8° jésus

PRIX : Broché................... 10 fr.
— Relié toile, tranches dorées, plaque. . 14 fr.

Souscription permanente de ces deux ouvrages en livraisons
à 10 centimes et en séries à 50 centimes

---

*Dans la même collection, en préparation*
## CH. BRONGNIART

# HISTOIRE NATURELLE
Édition grand in-8° illustrée

## ALPHONSE DAUDET

# LA BELLE-NIVERNAISE
### Histoire d'un vieux Bateau et de son Équipage
#### ÉDITION DE GRAND LUXE

Illustrée par MONTÉGUT, de 200 Gravures dans le texte
et de 21 Planches à part tirées en phototypie

Un beau volume grand in-8° jésus

Prix : broché, 10 fr. — Relié toile, tr. dor., pl. or, 14 fr.
Demi-chagrin, 16 fr.

---

## HECTOR MALOT

# LA PETITE SŒUR
Un beau volume grand in-8° jésus
### ILLUSTRÉ
PAR CHAPUIS, DASCHER, G. GUYOT, H. MARTIN, MOUCHOT, ROCHEGROSSE, VOGEL

GRAVURE DE F. MÉAULLE

#### PRIX :
Broché, 10 fr. — Relié toile, tranches dorées : 14 fr
Demi-chagrin, tranches dorées : 16 fr.

---

## ALPHONSE DAUDET

# TARTARIN SUR LES ALPES
### ÉDITION ILLUSTRÉE DE 150 COMPOSITIONS
#### PAR
MM. MYRBACH, ARANDA, DE BEAUMONT, ROSSI, MONTENARD

*Frontispice et couverture, aquarelles de ROSSI*

#### PORTRAIT DE L'AUTEUR

Un volume in-18. — Prix . . . . . . . . . . . 3 fr. 50
Reliure toile, plaque : 5 fr. — En belle reliure d'amateur : 6 fr.

---

# TARTARIN DE TARASCON
### ÉDITION ILLUSTRÉE
PAR MONTÉGUT, ROSSI, MIRBACH, ETC.

Un volume in-18. — Prix . . . . . 3 fr. 50

# Dʳ P. LABARTHE

## DICTIONNAIRE POPULAIRE

DE

# MÉDECINE USUELLE

## D'HYGIÈNE PUBLIQUE ET PRIVÉE

Illustré de près de 1,100 figures

### PUBLIÉ PAR LE DOCTEUR PAUL LABARTHE

AVEC LA COLLABORATION

De professeurs agrégés de la Faculté de Médecine,
de Membres de l'Institut, de l'Académie de Médecine, de Médecins
et de Pharmaciens des Hôpitaux,
de Professeurs à l'École pratique, d'anciens chefs de clinique
et des principaux spécialistes.

---

*L'ouvrage forme deux beaux volumes grand in-8º jésus de près de 2,000 pages.*

---

PRIX DES DEUX VOLUMES :

Brochés : **25 fr.** — Reliés, demi-maroquin : **35 fr.**

---

Ouvrage indispensable aux familles, et contenant la description de toutes les maladies, leurs symptômes et leur traitement; les secours aux empoisonnés, aux noyés, etc. ; l'hygiène des enfants, des femmes, des vieillards, l'hygiène de chaque profession, etc., etc.

OUVRAGE COURONNÉ PAR L'ACADÉMIE FRANÇAISE
**MARIE ROBERT HALT**

# HISTOIRE D'UN PETIT HOMME
ÉDITION DE GRAND LUXE, ORNÉE DE 100 GRAVURES
UN VOLUME GRAND IN-8° JÉSUS
Prix : broché, **10 fr.** ; relié toile, tranches dorées, **14 fr.**
Demi-chagrin, **16 fr.**

---

**MARIE ROBERT HALT**

# LA PETITE LAZARE
ÉDITION DE GRAND LUXE ILLUSTRÉE PAR GILBERT
UN VOLUME GRAND IN-8° JÉSUS
Prix : broché, **10 fr.** ; relié toile, tranches dorées, **14 fr.**
Demi-chagrin, **16 fr.**

---

**JOSEPH MONTET**

# CONTES PATRIOTIQUES
EAUX-FORTES ET ILLUSTRATIONS DE
Jean Béraud, Gilbert, Le Révérent, Sergent, Chaperon, Caran d'Ache, Willette, etc.
UN VOLUME IN-16 SUR PAPIER DE LUXE
Prix : broché, **5 fr.** ; relié toile, tranches dor., plaque or, **6 fr.**

---

**PAUL DÉROULÈDE**

# MONSIEUR LE HULAN
OU LES TROIS COULEURS
ILLUSTRÉ DE **16** COMPOSITIONS DE KAUFFMANN
Tirées en couleur
UN ÉLÉGANT ALBUM IN-4°
Relié richement avec plaque en couleur. — Prix : **5 fr.**

## ŒUVRES DE J. MICHELET

# HISTOIRE DE FRANCE
### 19 BEAUX VOLUMES IN-18 A 3 FR. 50 LE VOLUME
(Chaque volume se vend séparément).
Cartonnage à l'anglaise : 50 centimes en sus.

#### DIVISION DE L'OUVRAGE

| tomes | | tomes | |
|---|---|---|---|
| I à VIII. | Moyen-Age. | XIII. | Henri IV et Richelieu. |
| IX. | La Renaissance. | XIV. | Richelieu et la Fronde. |
| X. | La Réforme. | XV et XVI. | Louis XIV. |
| XI. | Les Guerres de religion. | XVII. | La Régence. |
| XII. | La Ligue et Henri IV. | XVIII et XIX. | Louis XV et Louis XVI. |

# HISTOIRE DE LA RÉVOLUTION
### Par J. MICHELET
9 volumes in-18. — 3 fr. 50 le vol.
Cartonnage à l'anglaise. . . . 50 cent. en sus

# HISTOIRE DU DIX-NEUVIÈME SIÈCLE
**Origine des Bonaparte**, 1 vol. in-18. . . . 3 fr. 50
**Jusqu'au Dix-huit Brumaire**, 1 vol. in-18   3 fr. 50
**Jusqu'à Waterloo**, 1 vol. in-18. . . . . . 3 fr. 50
Cartonnage à l'anglaise, 50 cent. en sus

# ABRÉGÉS D'HISTOIRE DE FRANCE
**Moyen-Age**, 1 vol. in-18 avec cartes. . . . . 4 fr.
**Temps modernes**, 1 vol. in-18 avec cartes . . 4 fr.
**Précis de la Révolution française**, 1 vol. in-18
avec cartes (*dixième mille*). . . . . . . . . 4 fr.
Cet ouvrage a été honoré de Souscriptions au Ministère de l'Instruction publique et à la Ville de Paris
Cartonnage à l'anglaise, 50 centimes en sus.

### DU MÊME AUTEUR
# NOTRE FRANCE
### SA GÉOGRAPHIE — SON HISTOIRE
Un volume in-18 orné de cartes. — Prix . . . . . 3 fr. 50
Cartonnage à l'anglaise 50 centimes en sus

| # MA JEUNESSE | # MON JOURNAL |
|---|---|
| Un vol. in-18. — Prix : 3 fr. 50 | Un vol. in-18. — Prix : 3 fr. 50 |

# UN HIVER EN ITALIE
### LE BANQUET
Un vol. in-18. — Prix : 3 fr. 50

**La Sorcière**, 1 vol. in-18. . . . . . . . . . . . . . 3 fr. 50
**La Montagne**, 1 vol. in-18 . . . . . . . . . . . . . 3 fr. 50
**Nos Fils**, 1 vol. in-18. . . . . . . . . . . . . . . 3 fr. 50

# OUVRAGES UTILES

## BARON BRISSE

# LA CUISINE
### A L'USAGE
## Des MÉNAGES BOURGEOIS et des PETITS MÉNAGES
### AUGMENTÉE DE MENUS ET RECETTES NOUVELLES
1 fort vol. in-18 avec de nombreuses gravures. — Cartonné élégamment : 3 fr. 50

## HENRIOT

# LE SECRÉTAIRE ILLUSTRÉ
Instruction générale sur le service des postes et des télégraphes.
Lettres officielles et pétitions ;
Lettres de jour de l'an et de fête ; Lettres de remerciements, félicitations, condoléances ; Lettres relatives aux mariages ; Lettres d'amoureux ;
Lettres relatives aux nouveau-nés, aux parrains et aux nourrices ;
Lettres relatives à des demandes d'argent ;
Lettres ou demandes de militaires ; Lettres de recommandations et de demandes d'emplois ; Lettres d'affaires, de fournisseurs, de propriétaires, de fermiers.
Actes usuels, etc. — Ce qu'il ne faut pas écrire.
**NOMBREUSES ILLUSTRATIONS DE HENRIOT**
1 vol. in-18. — Cartonné élégamment : 3 fr. 50

## CHARLES DIGUET

# CHASSES DE MER ET DE GRÈVES
### LIVRE DE VOYAGE DU CHASSEUR ET DU BAIGNEUR
Un vol. in-18. — Prix : 3 fr. 50

# POUR SE MARIER
### TRADITIONS MONDAINES — USAGES — FORMALITÉS
Illustrations de MARIE DE SOLAR et JULES HANRIOT
Un vol. in-18. — Prix : 3 fr.

## FISCH-HOCK

# LE LIVRE DU PÊCHEUR
### ILLUSTRÉ
Un volume in-18. — Cartonné élégamment : 3 fr. 50

# NOUVELLE COLLECTION JANNET-PICARD

## AUTEURS CÉLÈBRES

Volumes elvéviriens in-16 à **un franc** le volume.

## ŒUVRES AUTHENTIQUES
ÉLUCIDÉES PAR DES PRÉFACES, NOTES, NOTICES, VARIANTES,
TABLES ANALYTIQUES, GLOSSAIRES, INDEX

| | |
|---|---|
| **Molière.** — Œuvres complètes. Notice sur chaque comédie, par Ch. LOUANDRE ............ 8 | **Furetière.** — Le Roman bourgeois ............ 2 |
| **Villon.** — Œuvres complètes... 1 | L'homme à bonnes fortunes ............ 1 |
| **Caylus** (Mme de). — Souvenirs... 1 | Histoire de don Pablo de Ségovie ............ 1 |
| **Contes fantastiques.** — Le Diable amoureux, Démon marié, Merveilleuse histoire ...... 1 | **Rabelais.** — Œuvres complètes (Notes et Glossaire) ............ 7 |
| **La Princesse de Clèves** .... 1 | Aventures de Till Ulespiègle 1 |
| **Malherbe.** — Poésies complètes. 1 | **Bernardin de Saint-Pierre.** Paul et Virginie ............ 1 |
| **Manon Lescaut** ............ 1 | **Perrault.** — Contes ........ 1 |
| **La Fontaine.** — Contes et Nouvelles ............ 2 | **Le Sage.** — Le Diable boiteux... 1 |
| **La Fontaine.** — Fables ...... 2 | **Fernando de Rojas.** — La Célestine ............ 1 |
| **Daphnis et Chloé** .......... 1 | **Clément-Marot.** — Œuvres complètes ............ 4 |
| **Restif de la Bretonne :** | **Diderot.** — Œuvres choisies |
| * Contemporaines mêlées ...... 1 |  * Le neveu de Rameau ........ 2 |
| ** — du commun.. 1 | ** Pensées philosophiques...... 1 |
| *** — par gradation. 1 | *** La Religieuse ............ 1 |
| **Régnier.** Œuvres complètes. 1 | **** Jacques le fataliste ........ 1 |
| **Heptaméron des nouvelles de la reine de Navarre** .. 2 | **Anatole de Montaiglon.** — Le Roman de Jehan de Paris... 1 |
| **Voltaire.** — Dialogues complets. 3 | **Chénier** (André). — Poésies.. 1 |

**TOUS LES VOLUMES SE VENDENT SÉPARÉMENT**

Les mêmes ouvrages existent en papier de luxe
Papier vergé, le vol. broché, 2 fr. — Collection cartonnée percaline bleue, 2 fr. 50 — Papier Whatman, broché, 4 fr. — Papier de Chine, 15 fr.

Les titres suivants n'ont pas encore été publiés à un franc le volume

| | |
|---|---|
| CH. D'ORLÉANS. — Poésies complètes ............ 2 | Lettres de Mlle de LESPINASSE.... 1 |
| MONTESQUIEU. — Lettres persanes ............ 2 | STAAL (Mme DE). — Œuvres : mémoires, lettre, etc. ............ 2 |
| Heptaméron des Nouvelles de la REINE DE NAVARRE ........ 2 | La Reconnaissance de Sakountalà ............ 2 |
| | Merveilles de l'Inde (inédit) .... 1 |

Prix, cartonné percaline bleue, **2 fr. 50**

# ŒUVRES COMPLÈTES D'ALEXIS BOUVIER

## FORMAT IN-18 A 3 FR. 50 LE VOLUME

| | | | |
|---|---|---|---|
| LES SEINS DE MARBRE.... | 1 v. | Mlle BEAUBAISER, SAGE-FEMME | 1 v. |
| LA BELLE OLGA....... | 1 v. | UNE FEMME TOUTE NUE... | 1 v. |

| | |
|---|---|
| MADEMOISELLE NINIE. { Ninie............ | 1 vol. |
| La Petite Baronne..... | 1 vol. |
| LES BAISERS MORTELS. { Les yeux de velours.... | 1 vol. |
| Les amours de sang.... | 1 vol. |
| LE MARI DE SA FILLE..... { Le fils de l'Amant. | 1 vol. |
| Veuve et Vierge... | 1 vol. |
| LE TESTAMENT D'UN CONDAMNÉ. { Les Créanciers de l'échafaud..... | 1 vol. |
| La Princesse Saltimbanque..... | 1 vol. |
| LES ADULTÈRES LÉGITIMES.. { La Rousse (10e édition). | 1 vol. |
| Le Domino Rose (10e édition)...... | 1 vol. |
| L'ARMÉE DU CRIME (6e édition)................ | 1 vol. |
| LOLO............................... | 1 vol. |

| | |
|---|---|
| LA GRANDE IZA { La Femme du mort (40e édit.) | 1 vol. |
| La Grande Iza (80e édition)... | 1 vol. |
| Iza, Lolotte et Cie (28e édition). | 1 vol. |
| Iza-la-Ruine (10e édition).... | 1 vol. |
| La mort d'Iza (10e édition)... | 1 vol. |

| | | | |
|---|---|---|---|
| LA PETITE DUCHESSE (25e édit.) | 1 v. | LA BELLE GRÊLÉE (32e édit.).. | 1 v. |
| LA PETITE CAYENNE (7e édit.).. | 1 v. | LE MOUCHARD (10e édit.).... | 1 v. |
| LE BEL ALPHONSE (12e édit.).. | 1 v. | Mlle BEAU-SOURIRE (15e édit.).. | 1 v. |
| LE SANG-BRULÉ (9e édit.)..... | 1 v. | MALHEUR AUX PAUVRES (9e éd.) | 1 v. |
| LES PAUVRES (15e édit.)....... | 1 v. | LE MARIAGE D'UN FORÇAT (10e éd.) | 1 v. |
| LE CLUB DES COQUINS (7e édit.). | 1 v. | LE FILS D'ANTONY (7e édit.)... | 1 v. |
| Mlle OLYMPE (15e édit.)........ | 1 v. | LA BOUGINOTTE (5e édit.)..... | 1 v. |
| LES SOLDATS DU DÉSESPOIR... | 1 v. | ETIENNE MARCEL............ | 1 v. |
| BAYONNETTE (10e édit.)....... | 1 v. | AMOUR MISÈRE ET Cie (4e édit.). | 1 v. |
| AUGUSTE MANETTE (20e édit.). | 1 v. | LES DRAMES DE LA FORÊT..... | 1 v. |

En préparation : Chochotte.

Contraste insuffisant

**NF Z 43**-120-14

www.ingramcontent.com/pod-product-compliance
Lightning Source LLC
Chambersburg PA
CBHW071901160426
43198CB00011B/1185